# FILHA DE MARIA
# SONHA O MUDA BRASIL!

## Gilberto Pizarro

# Prefácio

Todos temos pontos misteriosos dentro dos nossos pensamentos. Por mais realismo que introduzimos em nossas vidas sempre nos deparamos com o virtuosismo próprio da nossa existência. As ciências concretas nos levam a um ceticismo universitário quando precisamos inibir a criatividade para nos fixar em resultado de pesquisas. O concreto é uma frase final concordando ou negando as nossas hipóteses. A evolução física do mundo depende desses conceitos, ainda que ofereçam verdades passageiras e nos levem a outra verdade  melhor definida.
O sono é a necessidade orgânica que mais nos incorpora nos tempos gregorianos do nosso planeta. Talvez a necessidade mais perturbadoras das mentes humanas. Pensar que dormimos para descansar é desconhecer a fisiologia do sono. Dormir é a atividade onde se usa provavelmente a maior quantidade de energia metabólica durante a vida. Durante o sono profundo o perdemos cerca de meio quilo do peso corporal transformado essa massa em milhões de substâncias que servirão de combustível para o novo dia.
Enquanto se dorme, o corpo procura não trabalhar, mas o cérebro responde por todas as funções que está exercendo, entre as quais a mais notável delas é o sonho.
O sonho é o nosso pensamento vivendo a nossa vida virtual. O passado, o presente e o futuro se confundem e liberam a criatividade humana. Durante o sono a alma ou psique caminha pelos infinitos em tempos relativos, segundo as leis do Universo.
Podemos classificar os sonhos em vários tipos relacionados com os dias presentes, com o passado, com previsões futuras. O mais intrigantes são os sonhos proféticos, citados desde os tempos bíblicos como avisos místicos de intervenções dos céus para as comunidades ou reinos.
O sono místico pode ser discutido no campo místico, científico ou dogma religioso. O homem se relacionando com os deuses ou com o Deus Único ou Desconhecido. O catolicismo com seus santos e beatos são os que mais descrevem esse tipo de relacionamento com o Criador, Pai Eterno ou simplesmente Deus, o Pai de Jesus Cristo.
Quando uma psicóloga apresenta um sonho místico, por mais que tente explicar com seus conhecimentos não conclusivos.
Apenas tento descrever as sensações que a história provocou em minha formação ecumênica quanto às religiões, mas ante de tudo científica e contestadora. Talvez queira apenas participar de uma experiência da relação entre o sonho e a realidade. Apenas a premunição ou a forma de comunicação com seres celestes existentes além da própria vida.

O autor


Introdução

Conheço o Brasil pela sua religiosidade iniciada pelos portugueses cristãos, pelos africanos e índios que incorporaram usos e costumes diferenciando-a dos demais continentes. Maria a mãe de Jesus foi sentida já na primeira missa como uma proteção intangível para a nova colônia. Os demais colonizadores ou imigrantes que se integraram ao Brasil colônia ou independentes passaram a conviver com os diversos apelidos de Maria sempre sugerindo a proteção através do seu Filho de Deus. Como não poderia deixar de acontecer os mais humildes, analfabetos e crenças primitivas adotaram as diferentes imagens da mãe divina como símbolo protetor de suas vidas. A expansão continental permitiu que cada comunidade incipiente e isolada dos governos coloniais, imperiais ou republicanos criasse o seu mito local. Assim foram se expressando sobre Maria usando diversos apelidos indicando com o segundo nome o milagre ou localização do acontecimento. A fé seria a única explicação para tal ocorrência, proliferando mesmo sem a orientação religiosa. A maioria das vezes os dados iniciais foram comunicados pela fala, sem autorização escrita, só após a tradição local ir além de seus limites alguns escribas anotaram o pensamento dominante dos seguidores daquele tipo de fé. Em geral, os artistas já haviam esculpido uma imagem representativa dos fatos ocorrido e respeitados por seus seguidores, em sua maioria analfabetos. A Coroa Portuguesa incentivava esses atos considerados católicos e reprimia as demais religiões. Nobres e soldados frequentavam as cerimônias, oferecendo imagens vindas da Europa ou financiando artistas famosos a desenvolverem suas artes sacras locais. O esplendor dessas ações ocorreram em Minas Gerais, cidades de Ouro Preto e Mariana. Esta última cidade representa a maior homenagem do Brasil Colônia à Maria.
A partir da República o Estado se tornou laico, mas continuou preso à força do cristianismo arraigado no povo brasileiro com fé e esperança. A imagem e Maria continuou a se espalhar com suas denominações regionais, uma delas tornando-se há 300 anos a protetora do país com o nome conhecido por todos ao brasileiros como Nossa Senhora de Aparecida, referência ao seu aparecimento nas redes de pescadores. O catolicismo brasileiro passou a venerá-la com essa denominação local, uma imagem negra sugestiva desigualdade étnica que necessitava ser corrigida na época. Apesar das resistências competitivas humanas e as tendências errôneas de dividir os humanos em raças, a Maria negra simboliza que realmente pertencemos há mesma e única Raça Humana. Cientificamente a mesmas genética, procriação e principalmente o mesmo número de neurônios cerebrais, cerca de 84 bilhões. O fato desagrada muitos que acreditam na supremacia branca. A palavra racismo não existe entre seres humanos, só pode se referir a outras raças animais com números inferiores de neurônios no cérebro. Mesmo alguns cristãos, de todas as seitas existentes, continuam a pensar que Deus os criou brancos, superiores às mulheres, aos negros e aos transgêneros. Muitos quebram as imagens de Maria, justificando a hegemonia do homem sobre a mulher ou a negritude da imagem como um pecado bíblico, escrito por algum escriba e ditado por religiosos que Deus fez primeiro o homem depois a mulher. Negam a origem primata, a existência de macacos de todas as cores e que uma espécie aumentou a massa cefálica e evoluiu em milhões de anos até se transformarem paulatinamente no casal homem e mulher da raça humana.

O conceito acima vale também para todas as religiões. O ser humano apresenta correlações cerebrais pensantes capazes de atingir o infinito do nosso Universo, portanto, qualquer crença passa pela sua individualidade. A grande maioria das pessoas tem a sua própria esperança baseada na sua vivência, o religioso apenas mostra os caminhos de sua própria experiência e estudos. Como se trata de um campo virtual e de estudos anteriores à linguagem falada atualmente, ninguém chega a verdade, mas apenas há uma verdade passageira que vai mudando conforme   se quebra de mitos criados pela imaginação.

O ecumenismo representa a valorização ética dessas individualidades e condena qualquer ação contra a humanidade. As regras estabelecidas na escritas desde o antigo Egito respeitavam a vida humana e psique. Moisés foi o egípcio que colocou novas regras mais rígidas para o convívio entre humanos por escrito. As pedra gravadas com seus mandamentos se perderam, mas o hábito se solidificou no comportamento humano. Conservar a integridade do homem e julgá-lo pelas agressões contra sua própria raça representa a conservação da espécie física e psíquica ou sua psique no sentido grego de alma humana. A esperança de um espírito eterno nos domínios inatingíveis do Criador satisfaz o sentido ecumênico de vida humana. O sentido laico do governo significa a tolerância as diversas religiões, mas também seu dever ético e moral de conduzir seus fiéis. O conflito ou a agressão contra a vida humana esta na Constituição Nacional e os crimes devem ser punidos. A tolerância religiosa pelo governo não significa a não punição de religiosos que pratiquem atos ilícitos.

O governo brasileiro, apesar de ser constituído de políticos religiosos, nenhum político se declara ateu, entre a maioria poucos se importam com sua opção religiosa nas decisões sejam ética, morais ou conduta parlamentar. O sentido de tipo de família esconde muita promiscuidade de comportamento pouco social para um parlamentar ou ministro. As religiões deixaram de condenar suas atitudes familiares e muitas seitas passaram a se beneficiar com as extravagâncias familiares. O próprio gênero humano às vezes são questionado, colocando valores científicos e tradicionais mesclados a desvios de conduta. As reflexões são para melhor compreensão da vida das personalidades brasileiras quer sejam religiosas, intelectuais ou políticas as quais apresentam desvios em seu comportamento cristão.

O autor

# 1. Tona, o amor da mulher brasileira.

Tudo começa com um sonho repetitivo da jovem Antônia Gonçalves da qual só fiquei sabendo o seu verdadeiro nome no final de muita conversam com a Tona. Nasceu próximo das margens do rio Paraíba em São Paulo. Gostava de brincar dizendo que nasceu em todas as cidades por onde o Paraíba passa. Acredite se quiser sou filha do Caminho Real, portanto, uma princesa esquecida pelos reis que ali passavam em busca dos tesouros das Minas Gerais. Desde que se lembra por gente quiz ser professora. A mãe era professora primária e tudo que lhe ensinava saia lecionado para as outras crianças. Seu pai um beato inteligente, criado na fazenda nunca a chamou de Antônia, mas abreviou para "Tônia", como pronunciava muito rápido as palavras os amigos entendiam "Tôna".
Com a vocação de ensinar sempre estudou muito. Primeiro virou normalista, como chamava o curso de professor primário, continuou seus estudos até chegar ao curso superior em educação e treinamento solidificando o seu apelido como o verdadeiro nome. A seguir já trabalhando formou-se em psicologia Poucos sabiam como tinha sido registrada ao nascer. Depois de adulta registrou seu apelido como primeiro nome. Assim começou contar sua própria história pela primeira vez para mim com Tona.

Por tudo que entendo de filosofia e psicologia sei que os sonhos representam apenas a realização dos desejos. Quando sonhamos as nossas áreas cerebrais envolvidas perdem a noção de tempo espaço, o tempo relativo perde a noção de presente, passado e futuro dentro dos neurônios cerebrais. Sonho um pouco antes do meu sono profundo e muito quando estou acordando. As minhas noites mal dormidas sem entrar no sono REM tenho meus pesadelos, assim que acordo já não me preocupam mais. Conta-se ainda durante o sonho com nossa elevada capacidade de criar. As coisas boas e importantes aparecem durante o sono como motivo de satisfação e otimismo. Os pesadelos estimulam e nos levam a momentos de extrema depressão. Os sonhos místicos são os mais difíceis de interpretação. Nesses perdemos o sentido de massa, de luz que explicam a energia que se desprende de qualquer ação humana.
Fui educada no catolicismo. Sempre assimilei a ideia de Deus único e imaterial, que possuímos uma alma ou psique que nos pertencem na Terra. No fim nos transformaremos em um espírito, pelo que entendi só se manifestará pós a morte. Através dele é que se pode chegar ao Criador que também é o mais puro de todos os espíritos. O real e o virtual nos acompanha, sendo a massa corporal e a psique sentidas por todos. Deus é um valor intangível para o corpo humano que carregamos, mas a nível de neurônios cerebrais há uma sensação que os pensamentos comunicam com o seu Espírito Divino. Os religiosos e os místicos são os que de forma mais contundente referem estar usando este sentido virtual para se comunicarem com sua entidades divinas ou infernais. Deus está em toda a parte, domina nosso Universo com sua massa palpável e o seu Universo virtual como se fosse a imagem de um espelho com outra vida independente. Deus de seu Universo intangível ao corpo massa domina e interfere na corpo e alma da vida humana. O fato de ter sido orientada assim não significa que acredito sem apresentar muitas dúvidas. As fases céticas, quando quero negar tudo são as mais prodigiosas para mim. Quando percebo minha massa corporal sem sentido no ambiente em que vivo, volto paulatinamente a minha fase mística. O conforto para minha alma está em uma razão para um dia se transformar em espírito sem o peso do corpo e flutuar por extensões universais. Os valores intangíveis existem em nós porque negá-los.

Dentro desse conceito o Espírito de Deus colocou um filho do homem na Terra. Escolheu uma mulher para ser a mãe desse filho com massa, alma e sentimentos humanos. Quanto a vida desse filho, chamado Jesus passou a ser considerado parte do próprio

Criador, somando-se ao seu Espírito Santo. Acreditamos que Deus em relação ao planeta azul, perdido na enormidade universal, a Terra passou a ser representada por uma Santíssima Trindade: Deus Pai, Deus Filho e Espírito Santo. Acredito que através do Espírito Santo é que Deus fala com nossos neurônios, onde se localiza a alma ou psique do homem. Devem existir espaços negros ou aparentemente vazios entre nossas células que se encarregam dessas mensagens místicas e divinas.

Por trás de todos esses conceitos acima ficou a inexplicável forma de geração do filho do Divino por uma mulher. Um ser gerado após milhões de anos de vida do homem no planeta se relaciona diretamente com o intangível reino em Espírito Santo, ou seja, o próprio Deus. Maria um mito, uma crença, uma realidade palpável introduzida na história da humanidade pelo próprio Deus. Falo da representante de todas as mães, venerada, imitada, santificada e apelidada com tantos nomes conforme o local que creditam a sua presença em espirito, desde a sua assunção aos Trino de Deus.

O místico nunca perturbou a minha visão social ou religiosa. Quando beatos contam seus pseudos milagres, sempre percebi que sua cultura ou educação não permitia distinguir a fantasia distorcida criada e a realidade da sua psique criativa.
Sempre aceitei conceitos sólidos sobre a vida corporal, a psique e procurar entender o espirito além da vida. Casei-me, tive filhos e os criei acreditando sempre na ajuda divina para tomar as melhores e mais corretas opções familiares. A família, um valor intangível do humanismo, foram dentro meus objetivos religiosos o de maior valor.


## 2. Como tudo aconteceu

Infância de Tona

Nasci no interior Brasil. A década de 1950 foi de muita brincadeira e estudos primários. Foi quando iniciei meus diálogos com professores e familiares. Sentia a proteção de um anjo da guarda, um emissário de Deus que nunca vi, mas sentia sua presença.

O professor de religião Dom Ramon:

- O mundo de Deus tem suas maneiras de nos proteger. É preciso acreditar, não basta dizer tenho fé. O nosso coração percebe os sentimentos verdadeiros. Mas nossos olhos não. As batidas cardíacas mudam quando avisadas pelo cérebro que algo ruim pode acontecer. Imagine que tem diante si uma enorme pinguela sobre um rio perigoso para atravessar. O medo e o bom senso pede para não se arriscar, você não passa, o anjo a ajudou a ser previdente. Outra criança mora do outro lado do rio e precisa atravessar a pinguela todos os dias para chegar na escola. A ação do anjo agora seria proteger a travessia diária antes, durante e depois, na volta. O local de perigo passa a ser monitorado por esse enviado de Deus para acompanhar aquela criança por toda a sua vida. Lembrem sempre que mesmo ajudando o anjo não pode evitar a impudência, a imperícia e a negligência ou seja, não respeitar as regras ditas em conselhos paternos.

- Eu vejo meu anjo - respondi ao professor - quando estou dormindo aparece em sonho. Consigo lhe perguntar muitas coisas. Como por exemplo como consegue nos enxergar e nós não? Como percebo que ele está falando comigo sem ouvir pelos ouvidos? Por que só sonhando consigo vê-lo? Como é a vida no céu pertinho de Deus? As respostas ficam tão evidentes na paz que sinto ao acordar para a vida.

- Deus tem sua maneira de se comunicar conosco, como professor não tenho uma explicação lógica. O amor, a fé e a prudência agradam a Deus, essa é sua linguagem compreensível. O mundo fala muitas línguas, mas a divina pode ser compreendida por todos os seres vivos do Universo. O gesto divino vale por milhões de vozes humanas.

- Em sonho, vejo o corpo. as roupas, a face, os movimentos dos braços e seu olhar profundo. Acho meu anjo lindo. Parece dizer: " nada de mal vai lhe acontecer, durma em paz!" Apago e acordo ótima.

- Realmente você é uma menina feliz e escolhida por Deus.

Após a explicação do professor passei a imaginar como coisa normal da vida humana que todos possuem seu anjo da guarda enviado por Deus.


A Criança incomum

- Tona o que está mexendo nesses livros? O que você quer saber?

- Estou procurando os nomes dos Papas da igreja.

- São muitos disse mamãe.

- Sei mas queria uma lista desde São Pedro para mostrar ao professor de religião e perguntar o que fizeram.

- Querida eu nunca vi essa lista aqui em casa, pergunte ao monsenhor se a Paróquia a tem.

- Vou encontrar...

Como a igreja não encontrou, procurei meu professor de latim. Sabia que cursou o seminário, mas não fez os votos e se casou. Falei primeiro com sua filha, minha colega.

- Tona, parece que papai tem essa lista mas nem imagino onde a guarda.

- Nina, me ajude a perguntar se ele a possui? Queria copiá-la e seguida a devolvo.

- Deve ser um livro com as histórias dos Papas.

- Hum! Melhor ainda além dos nomes faço um pequeno resumo, igual o professor de português nos ensinou.

Foi uma sensação do ano as vidas dos Papas na escola. Além da história da religião, os filmes que tratavam do assunto, incluindo os bíblicos, passaram a ser comentados com base papal. O valores individuais passaram a ser pensados de acordo com as determinações históricas do catolicismo. Os cismas da igreja e suas místicas como sofreram transformações. Permaneceu Jesus com filho de Deus e Maria sua mãe a escolhida, opôs muito estudo religioso. Os anjos e santos passaram a ser considerados soldados do Senhor, seus auxiliares no paraíso celeste e na Terra, intercedendo pela humanidade pecadora?

Quando jovem dentre as principais ações religiosa que participamos, escolhi as Filhas de Maria. Um grupo de moças dedicadas às culto da mãe santíssima de Jesus, os moços eram chamados Marianos. A principal atividade era o esporte, realizado em um centro esportivo, A Atlética. Um quadra poliesportiva, na qual até se lutava boxe. Gostava do vôlei, pratiquei até ir para a universidade. A literatura, a arte foram meus pontos preferenciais no ginásio e curso normal. As minhas redações e poesias foram meu diferencial neste período. A mística religiosa se confrontava com a incredulidade de alguns professores. Tiveram muita influência na nossa maneira de ver o mundo. Cheguei à conclusão que os incrédulos, para provar a inexistência de Deus, pensavam e estudava, muito mais que os crentes. Achava interessante as discussões intermináveis sobre o tema. O ateísmo estava na moda com excelentes escritores se declarando como tal, mas nem sempre mantendo as suas convicções e teses até o fim se suas vidas. Para muitos era uma maneira de se mostrarem intelectualizados. Por suas projeções políticas o mundo deveria caminhar para um socialismo comunista com o poder do estado acima do cidadão e das empresas. Alguns religiosos afirmavam que o próprio Jesus Cristo pregou o comunismo, um erro histórico do catolicismo. Na época, a maioria desses pensamentos caíram no vazio. A minoria continuou insistindo nesses conceitos totalitários com dizia meu professor de história contemporânea. Os chamados comunistas deixavam suas famílias muito irritadas

## 3. O sonho

Continuei minha vida religiosa confessar habitualmente com um cónego amigo, que conseguia induzir ideias religiosas modernas que substituíam as antigas formas da visão secular da igreja. Cristo e sua mãe Maria ligados o mundo atual e ao conceito de Deus e do Espírito Santo. O catolicismo que praticamos é fruto da primeira igreja cristã do mundo. Sofreu muitas modificações políticas, mas a fé permanece no Amor de Cristo e veneração à sua mãe Maria.
Tive um sonho estranho, parecia real em que falava com Maria a Mãe de Deus, apresentando-me sua jovem filha ao seu lado. Seu gesto eu compreendia como se estivesse me dizendo:

- Tona, está é minha filha amada. É a minha companheira no Paraíso Celeste. Sou descendente de judeus, árabes, egípcios, hebreus e outros ancestrais humanos da Terra. Minha filha recebeu toda a minha humanidade terrena, mas foi concebida com o Espírito de Deus. Representa o amor de Deus a todas as filhas que nascem e vivem na Terra.

Contei ao padre meu sonho em que vi a nossa Senhora com uma filha ao seu lado, foi como se estivesse me apresentando uma linda filha usando os mesmos trajes seculares de Maria.

- Como seu orientador religioso vejo uma aproximação de Maria de sua mente, quanto à criança pode ter sido apenas um desejo seu realizado ou um dos mistérios ainda inexplicáveis dessas visões em sonho.

- O meu sentimento é que a Santa está orgulhosa de sua filha, no mundo da paz, o Paraíso.

- Agora não se preocupe, cuide de seus estudos, deixe que Deus penetre no seu coração, através de seu Espírito Santo e seu filho Jesus. Aguarde que no momento certo terá uma resposta do que representa esse seu sonho místico. Complementou.
- Deixe as coisas acontecerem normalmente, não interfira com conclusões precipitadas.

## 4. As etapas da vida

Durante os estudos médios e superiores os diálogos com o anjo tornaram-se menos intensos. Por alguns períodos os meus sonhos desapareciam, passaram os anos sem visões. Sai da vida calma do interior de São Paulo, passei a conviver com o ruído intenso da capital. Parece que passei a viver a realidade da falta do meu espaço próprio. O tempo de reflexão durante a vida escolar sempre foi muito maior que agora. Passo correndo de um lado ao outro, dividindo-me entre o trabalho e os estudos. Sinais a falta de momentos para por todas as teorias da adolescência em prática. Ao mesmo tempo crescer e estudar especificamente a psicologia e a neurofisiologia cerebral. A matéria extensa e complexa ocupava todos meus dias e noites, todos mal dormidos até me formar.
A prática em psicologia me obrigou a entrar no mundo virtual de centenas de mentes desajustadas ou patológicas. Em poucos anos a balança dos desequilíbrios mentais passou a fazer parte do meu cotidiano. Os pesos pequenos ou leves que oscilam presos a fios fixos no teto, indo de um lado ou para o outro, representam a instabilidade dentro da nossa própria normalidade humana. Os pesos médios ou moderados são possíveis de corrigir seus sentidos e mudá-los. Os problemas leves se corrigem com a própria vivência social e orientação pedagógica. Os moderados exigem maior atenção e usos de medicamentos simples para se manterem equilibrados. Ambos conseguem um convívio social como em alguns diálogos que apresentaremos, de maneira fictícia para cumprimos a ética.
Os pesos pesados são aqueles que despencam do teto enquanto balançam para um dos lados o positivo ou o negativo. A maioria necessitando de uma intervenção médica psiquiátrica sobre suas patologias. Muitos psicopatas, sem sentimentos, mas positivos, andam em desequilíbrio mental sem chamar a atenção, transitando livre com seus diretos sociais garantidos. A sociedade ainda não apresenta solução preventiva para esses casos.

O tempo me fez entender a mente humana e classificar os diversos desequilíbrio em pouco tempo de conversa com alguém. O emocional caminha dentro das normalidades sociais, transparece suas alterações quando se refere a vida íntima. Despercebidas e envolvidas de proteção procura-se defender as convicções mais aflitivas da existência. Até onde é normal equilibrado fica a dúvida, mas os traços a serem analisados sempre transparecem no diálogo. Como entender a mente humana e classificar os diversos desequilíbrio em pouco tempo de conversa com alguém não é tarefa fácil nem para os mais experientes em comportamento humano. O emocional caminha por dentro das normalidades sociais, transparece suas alterações quando se refere a vida íntima desde o nascimento. Despercebidas e envolvidas de proteção familiar procura-se defender as convicções mais aflitivas da existência. Até onde é o equilíbrio normal fica a dúvida, mas aos poucos os traços a serem analisados sempre transparecem no diálogo

A universidade constituiu-se de movimentos rápidos e muitas horas de estudos técnicos. Aprendi que a psicologia é o estudo do comportamento humano em plena evolução com as demais ciências. As suas respostas permitem ajudar muitos desvios já conhecidos, mesmo sem curá-los em definitivo. O treinamento empresarial baseados em experiências e pesquisas psicológicas melhoravam o desempenho dos empregados. Logo percebi as limitações da minha especialidade.assim como minha fé na igreja ou em Deus, geravam sempre dúvidas. Os dados com os quais trabalhamos são verdades passageiras que mudam com o passar do tempo e aquisição de novos conhecimentos. Nada foi em vão, meu relacionamento com o mundo tomou um forma científica e transformadora dos transtornos psicossociais.

A minha fé

Nunca mudou sempre acreditei que um força espiritual muito intensa guiava meus sentimentos. Estudando aprendizagem e comunicação entendia que havia algo dentro de meus neurônios cerebrais e suas conexões que me rumavam para o Criador. Deus nos fez assim. Pensamento registrado nas simbologias das áreas mais importantes do cérebro.

- Sou ateu dizia meu mestre de ciências sociais. É impossível postar a ideia de um deus no meio social sem as críticas severas de qualquer pesquisa sobre o assunto. O virtual faz parte do indivíduo, o que o torna vulnerável a acreditar em um ser inexistente. Mesmo sendo as próprias metodologias das pesquisas limitadas, as conclusões são pela presença de fantasias que nunca se concretizaram na prática.

Sempre gostei de ouvir este modo de não acreditar em nada que não seja matéria tocável. Essas contestações me levam a crer que partem de pessoas inteligentes e contestadoras da natureza física e psíquica humanas. A religião é vista como uma ilusão do pensamento criando símbolos virtuais inconsistentes, onde a fé os transforma em objetos consistentes e desumanos. Acredito que o progresso tem a ver com formas diferente de pensar, como está que exemplifiquei.

- Professor, do mesmo modo que nega a existência deste ser superior, as suas pesquisas encontram a crença em Deus, como experiência histórica da humanidade. Como conduzir um trabalho que prove o erro de nossos antepassados?

- A história como foi escrita até aqui, precisa de muita revisão. As traduções que chegam até nós apresentam vícios desde o que um escriba queria expressar com sua simbologia e como o tradutor a interpretou. Os primeiros escritos são os piores. Imagine um hieróglifo o que significava quando escrito e como traduzir o mesmo nos dias de hoje. Os primeiros livros são mais inexatos ainda, foram escritos, em geral, por religiosos que aprenderam por ouvir falar e ditavam para os escribas incipientes que tentavam traduzir sua fala em símbolos gráficos.

- Significa que mesmo antes da escrita o homem já acreditava em Deus.

- Sim, mas sem comprovação. A maioria dos escritos aconteceram depois dos fatos ocorridos. Quem conta uma história aumenta muitos pontos.

- Mesmo assim persistiu a existência de Deus, Criador da humanidade.

- Sim. A mente humana foi capaz desse efeito.

- Também não temos provas da sua inexistência de fatos místico?

- É um ponto de vista seu contrário ao meu. Respeito-o democraticamente.

Continuei incorrigível, perante aos colegas que simplesmente aceitavam as conclusões do mestre, sem contesta-las. Há casos limítrofes entre o real e a crença, por mais motivos justos que encontramos para negar uma vida pós morte, certos momentos de sonhos ou inspiração nos elevamos para o virtual que possuímos dentro de nós. Aqui podemos acreditar no que só existe em imagens formadas no interior de nossos próprios neurônios, de modo aleatório, parecem realidades físicas com as quais nos comunicamos. Chegamos a manter diálogos com fantasmas, santos, anjos, deuses e com o próprio Criador da Humanidade, ou seja, o Deus em Espírito, sem imagem e sem massa física. Falando com santos e anjos a imagem apresenta-se real. O Espírito Santo de Deus é um verbo invisível que se comunica com nossas conexões cerebrais pensantes. Desde o início da escrita egípcia e hebraica a presença de um Deus invisível e sem massa passou a ocupar a vida espiritual da humanidade, mesmo pelos agnósticos. As escritas diversas permitiram que experiências individuais fossem sendo transferidas de geração em geração. A presença de um Espirito Superior que conduz a humanidade de maneira bondosa, mas capaz de  julgar nossa alma psíquica e conduzir nosso espírito pós mortem. O prêmio esperado pode nos elevar ao Paraíso Celeste, ao Purgatório ou ao Inferno. O Deus ocupa todos os lugares como o mundo real e o céu virtual. Diante destes conceitos religiosos com muitas nuances individuais nós compartilhamos a vida humana real, nosso comportamento e a vida virtual, em espírito junto ao Criador ou afastado Dele em sombras de recuperação ou na ausência eterna de sua luz divina.

A minha fé passa pelos conceitos acima e a análise do mesmo. Sinto que meu corpo possui uma alma pensante com os pés na Terra, com os olhos no Universo e muita esperança da existência de um espírito que se manterá existindo em novo Universo Divino preparado pelo próprio criador da nossa existência. Um Deus desconhecido, mas presente.


Meu corpo

O corpo inteiro sempre foi o motivo de sentir o mundo em que nasci e vivo. As sua necessidades básicas sempre foram cumpridas, tenho boa saúde. A minha visão dos meus membros seja real ou virtual através de espelhos assistiu uma agradável metamorfose. A combinação de todos meus movimentos físicos e os psicológicos tiveram que vencer as dicotomias próprias das duas formas que juntas apresentam dificuldades de evoluções monofásicas. Amadureci cheia de desejos e cuidados sociais sustentáveis em regras da ética e da moralidade do momento. O controle de meus impulsos corporais foram contidos pela minha frequência assídua à religião católica. A igreja sempre me deu um alento e uma direção sobre meus desejos de construir uma vida dedicada à família e filhos, dentro dos desejáveis valores intangíveis. Pertinentes a ética e a moral, esses valores nunca deixaram de me conduzir presa aos conceitos dos usos e costumes familiares da época. Obedecer regras antigas, arcaicas, superadas pela vida mais longa e diante da demora de completar os intermináveis conhecimentos técnicos universitários sobre o comportamento humano.
O físico para conduzir minhas vitórias e angústias durante a minha formação necessitou de muita energia extra. O conhecimento do comportamento humano sempre nos causa depressão psicológica, para que possamos prosseguir o nosso processo de

conhecimento das alterações da mente humana. Para conviver com a psique humana é preciso encontrar estabilidade para a nossa, sem contaminá-la. O que é difícil, mas minha crença em um Deus desconhecido, mas sempre presente em nossos neurônios, sempre me ajudou a superar.
Corpo e alma sem conflitos.

## 5. O trabalho

No início trabalhei para uma empresa social ligada a indústria. Fui designada para a área de ensino realizando avaliações da alunos e professores.
Os comportamentos humanos na fase de formação e seus conflitos com os educadores com foco na família mediados pela psicologia foi uma experiência gratificante. A maioria das famílias com filhos normais passava pela orientação rotineira. Cerca de 20% dos alunos e professores apresentavam na época casos mais complexos e necessitavam de diagnósticos bem elaborados. As avaliações por diversos especialistas em saúde física, mental e social, tornou meu trabalho gratificante. Conhecia as doenças de cada aluno e professores o que permitia uma abordagem técnica segura.
Os diálogos mais me marcaram nesse período, vou tentar resumi-los, sem se prender a identificações ou a bibliografias. Prefiro contá-los de forma de romance científico, onde as semelhanças com as realidades serão  apenas semelhança. Mesmo assim poderão contribuir para o melhor comportamento individual de alguns indivíduos.

Caso Rana:

- Dra., a Rana nasceu surda com os dentes escuros, quebradiços e muito fracos. Uma dentista arrancou os dentes e colocou uma dentadura postiça infantil. O médico do ambulatório da saúde  que a atendeu colocou uma prótese num dos ouvidos desde os dois anos. Fiz tudo certinho, mas ela não quer estudar com os outros meninos como o médico de surdez orientou, até a escola já sabe. Disse a mãe com muita calma.
- Rana atalhou a &conversa. Não entendi nada quelhas fala. Ficam "gozandi muto di mim, dai eu fico barba mesmo".
- Rana, deixe a mama fala depois quero você, falei alto apontando-a.
- A mãe continuou a falar da gravidez difícil, da falta de choro ao nascer e da dificuldade para repetir as palavras faladas, errando muito mesmo usando as próteses auditivas. Acha os aparelhos grandes nas orelhas, escapam quando corre. Na piscina não pode falar e não escuta ao nadar. Mesmo com o aparelho de ouvido não consegue ouvir ao telefone e o ditado da professora.
Li os exames e anotei a carta que o médico otorrinolaringologista enviou. Resíduo moderado a severo de audição binaural por provável intoxicação intra uterina por antibiótico tipo tetraciclina e sofrimento de parto. Adaptada próteses auditivas com boa aceitação. Orientada por fonoaudiólogo adquiriu fala compreensível, deve frequentar escola normal com atenção especial da professora, da auxiliar e apoio psicológico.
- Disse em voz alta: a Rana vai precisar de nos duas. Gostei muito dela, apontando com o dedo.
- Um sorriso aberto de Rana foi confirmado com um: sim!
Começou assim um excelente relacionamento multiprofissional. Seria desnecessário descrever a aceitação pela sua professora que a colocou na primeira carteira e passava por escrito as tarefas substitutas dos ditados. O médico conseguiu melhorar sua próteses auditivas utilizando modelos menores o que agradou a paciente. Tudo colaborou para aceitação da deficiência auditiva e adaptação social.

A autoconfiança que adquiriu durante a terapia e sua evolução nos estudos, melhorou as pronúncias das palavras. A última vez que a vi, adolescente, cheia de vida e beleza, disse:

- Dra. Tona sabe que ajudei a vender roupas femininas em uma loja do shopping, durante todas as minhas férias. Dei muita atenção às clientes e muitas voltaram para comprar comigo.

Caso Vera:

A menina era linda com olhos cativantes e vivos, sua queixa era uma alteração no sono. Mesmo depois de ir para o berço em horário tardio para a idade dormia agitada e acordava muito cedo. A agitação neuro muscular continuava durante o dia, apesar da simpatia irradiava com os familiares e manter o relacionamento inteligente. O psiquiatra apenas anotou os sintomas, mas não sugeriu o diagnóstico, preferiu a observação, aguardando a maturidade do sistema nervoso e sugerindo leve depressão quando concentrada em alguma tarefa.
- Oi Verinha, você veio me visitar, gostei muito de ver você aqui. Achei você linda.
- Oiii!. Tem palitinho? Disse olhando para todos os lados e procurando-os em todos os móveis do consultório.
Apenas observei todas as suas reações, enquanto falava com os pais. As pergunta de praxe foram respondidas de de modo formal, apenas notei na mãe muita vaidade com sua beleza. O pai nervoso, mas confiante no comportamento da filha. Ambos acreditavam que o tempo resolveria a instabilidade momentânea da criança. Terminei a consulta apreensiva com os movimentos rápidos e bem coordenados sem o esperado controle voluntário cerebral. Percebi que não chegava a hiperatividade, conseguia conter seus movimento. Precisa de tempo como pensou o psiquiatra.
Cresceu em observação e mudou a personalidade para uma aparente calma. Simpática, estudiosa, com um sorriso apagado, só não parecia ser feliz.
- Vera, porque parece triste hoje está jovem de 15 anos tão bonita?
- Saudades doutora, cresci, mas às vezes tenho vontade de retornar aos bons momentos de criança. Começo a chorar não sei porquê. Minha mãe continua preocupada consigo e tenho pouco da sua atenção. Mesmo quando estou muito triste meus pais e irmãos pouco se importam comigo. Preciso conversar com amigos em festinhas para me recuperar.
- As festinhas são íntimas ou com vários amigos. Tomam alguma bebida alcoólica ou droga? Perguntei
- Não só coca e sucos. Nossos pais estão sempre nos olhando.
Notei pela primeira vez um forte sinal de depressão. Como em adolescentes mistura com as fantasias, passei a observá-la, pedindo aos pais para aumentar os retornos.
Retornou pior, fugia da realidade. Desviava a atenção ao falar da universidade que havia acabado de entrar. Disse que agora gostava de um drinque, mas sem abuso. Contou sobre suas atividades escolares ora sorrindo, ora chorando. Tentei acalmá-la. Deixei que falasse sem parar, se despediu e saiu falando. O quadro psicossomático se agravou, fiquei pensando.
Após três meses retornou a consulta falando pouco e chorando ao refletir sobre suas ações. Confessou que estava procurando na bebida uma válvula de escape para sua intensa vontade de desaparecer do mundo. Os pais a criticam muito quando bebe, ao voltar das festinhas. Mas não entendiam o que eu queria explodir e pouco importavam conselhos e ameaças constantes. A sua tristeza só aumentava e não via a razão de sua existência em si.

- As vezes, os pensamentos evoluem de modo a não se entender com o mundo. Faço um esforço para me manter atenta a realidade que me cerca, mas flutuo e deixo de realizar as minhas tarefas corriqueiras, apenas os esforços familiares é que me mantém ativa. Tenho a sensação que estou caminhando para outro lugar desconhecido e distante, onde serei feliz.
- Existe algo em que lembre antes de se entregar a esses desejos? Perguntei.
- Apenas um pensamento que evoca a minha infância, onde eu me sentia feliz, mas não conseguia parar, continuando agitada até minhas forças acabarem, quase dormindo com muito medo de não acordar mais. Confundo o passado com o presente e choro.
- Hum. (Vera continuou após silenciar). Poucas são as pessoas que conseguem me acalmar. Minha mãe parece estar com a memória fraca e meu pai pouco vejo. Além de de medico, é enxadrista famoso que fica disputando todos campeonatos no clube.
- E seus estudos Vera?
- Parei. A concentração está fraca. Quero só andar. Falar muito com minha mãe para ativar sua memória. Penso que não devo estudar, fico muito nervosa quando estou quieta e aparecem lágrimas nos olhos.

Preocupada liguei para a família. O pai me atendeu dizendo que a filha estava desenvolvendo algum tipo de psicose, ainda indefinida. O psiquiatria iniciou o tratamento com o medicamento Haldol, um medicamento para sociabilizá-la. Deu certo.

- Parece muito grave quanto ao seu estado emocional minha cara psicóloga. Acredito que tem poucas chances de melhora. Gostaria que a ajudasse até conhecer melhor  o diagnóstico.

Retornou mais uma vez, estava mais calma, porém pouco chumbada pelos medicamentos.  A fala um tanto desconectada da realidade. Rapidamente quis sair do consultório.

Alguns anos depois encontrei-a acompanhada da mãe em frente à igreja que frequentam.

- Dra. Como vai? Agora eu estou melhor e cuidando da mamãe. Engordei um pouco e estou fumando para perder o apetite. Meu pai faleceu, mas meu irmão cuida da gente. Saímos pouco passeamos pelo shopping ou pelo bairro.

A mãe magra e com a peruca torta olhou para mim como me conhecendo, disse:

- Lembra aquela poesia que fiz e declamei ganhando o primeiro prêmio. " As rosas da alma se complementam no amor"...Ainda sou capaz de declamá-la inteira.

A buzina do carro as chamou, no volante um jovem parecia observar os astros. Aproximei, ele me reconheceu e disse:

- Meu pai pediu para eu carregar essas cruzes. Ambivalentes: Alzheimer e bipolar indefinida.

Tempos depois o jovem irmão veio ate minha clinica para me agradecer. A mãe foi para uma casa de idosos e irmã se acalmou. Fala muito sobre nossas consultas, mas o psiquiatra acha melhor o medicamento, voltou a trabalhar. A suspeita é de esquizofrenia e sem a presença da mãe acomodou-se,  mas acredita que deve ser medicada para o resto da vida.


Meire


O pai, um segurança alto, sério e com sotaque de caboclo do interior, contou a história:
- A professora mandou avaliar a menina porque era muito rebelde. Nunca obedecia ninguém e saia fazendo outras coisas capaz de desagradar todo mundo. Pega as coisas dos outros e não devolve. Fica falando como se tivesse razão quando alguém reclama. A mãe é braba e eu sempre lhes dou uns pitos. A gente cansa e ela continua teimosa. Sempre está nervosa e fazendo o que não deve. É inteligente, aprendeu a ler

e escrever, faz contas direito, defende suas ideias, frequenta o terreiro com a mãe, o pai de santo sempre a benze, nunca para e conversa por muito tempo. Vai fazer 10 anos e não consegue se portar bem na sala de aula. O médico de criança fala que sua saúde é excelente, com a idade acha que se acalma.

- Porque a mãe não veio?

- Trabalha, é diarista. Fico em casa durante o dia e trabalho a noite.

- Meire o que você veio fazer aqui? Perguntei.

- A professora pediu para vir conhecê-la e para conversar. Perguntei ao pai de santo se podia falar com você. Falou que sim, mas cuidar da minha língua e não dizer bobagens por isso eu pedi para ficar fechada.

- O que é fechada?

- Sabe não. Corpo fechado coisa ruim não entra, só coisa boa. Ninguém me amarra.

- Então hoje você pode falar a vontade. Pode dizer tudo que acontece na sua vida. Coisas boas e ruins. Aqui ninguém vai proibir de falar que quiser. Adoro ouvir.

- É muito desobediente, retrucou o pai. Respeite a doutora.

Fiz sinal para que a deixasse falar a vontade. Queria entender aquele comportamento agressivo, inteligente e desligado da realidade. Parecia flutuar entre a realidade e o misticismo. Apresenta o egocentrismo exagerado pouco se importando com a presença das outras pessoas.

- Merie, a sua professora gosta de você? Você acha que é uma boa aluna?

- Gosta, mas manda eu parar de falar muito. Aprendo tudo que a professora ensina. Passo com boas notas. Gosto de ler as histórias. Quando não entendo peço para explicar. Gosto de vestido branco, mais preciso usar uniforme. Gosto quando me chama para ir até a lousa. Gosto do Gérson, já tentei amarrar este colega para mim. Ainda não deu certo, mas estou tentando.

- Por hoje chega, quero ver sua mãe para conversar. Pode marcar uma hora e vir sozinha.

A mãe veio muito desconfiada e pouco falante. Parecia com os olhos que queria arrumar minha sala de atendimento. Parecia procurar com insistência os pontos com alguma sujeira ou pó. Fiquei a observando por algum tempo. Esperou que perguntasse sobre sua única filha.

- A Merie é sua única filha ou tem mais irmão?

- Casei tarde só consegui ter uma. Respondeu seco Dona Maria Dos Santos.

- Nasceu aonde?

- Na "mãe solteira". Referindo-se à maternidade próxima da Escola Paulista de Medicina.

- Levava no posto de saúde lá perto para vacinar e pegar o leite. Cresceu bem gordinha, só agora ficou magra, mas come bem. Já sabe até cozinhar muitas coisas. Gosta de lavar as roupas brancas para ir ao "terreiro". Gosta de dançar rezando conosco. O pai de santo sempre se preocupa com ela. Costuma lhe dar muitos passes para se acalmar e conseguir as coisas que precisa, como tirar notas boas na escola e conquistar o amor da professora. A menina costuma fazer certo aos seus conselhos. Só não consegue ficar quieta no lugar, fala muito e sai andando sem rumo certo. Estou aqui por isso e porque o médico da Escola, o psiquiatra acha que ela deve ser avaliada pela senhora antes de pensar em doença da cabeça ( Mostrou um papel com suspeita de parafrenia ou psicose atípica ).

Paramos por aí. Apenas achei que precisava de tempo para opinar. A suspeita vinha assinada por um estudante de medicina e não pelo psiquiatra. Seria melhor não me influenciar. A prática religiosa de terreiro podia estar influenciando a personalidade esquisita da menina. Achei muito cedo para pensar em parafrenia, a maioria dos livros se referem só idade adulta e nunca em crianças. A falta de sintomas típicos de esquizofrenia e a inteligência escolar afasta um processo degenerativo cerebral. O caso atípico ficou para analisar.

Depois de alguns meses de tratamento observei que melhorou a atenção para o interlocutor. Parou de fugir do local da conversa.

Nesse caso, divaguei sobre a história de Santa Joana D'Arque, a heroína francesa que venceu a cobiça inglesa, mas devido às suas alterações mentais foi queimada viva, sem perder a esperança em sua fé. Foi sua própria fé que a levou a fogueira e depois a santificou. Foi mais um erro histórico lamentável do medieval catolicismo político e despótico. Trata-se e erros religiosos semelhantes aos que até hoje estão presentes na humanidade. A preocupação maior foi se sua fé embalada por conceitos primitivos da religião que abraçou pudessem sacrificá-la para a vida dependendo da orientação recebida. As leis hoje não permitem sacrifícios do corpo, mas não proíbem a lavagem cerebral da mente, da psique ou alma. A crença de que o sacrifício leva a Deus, além de incestuosa com os seus orientadores, podem levar a doenças físicas e até a morte precoce em se tratando de psicóticos. Quero acreditar que encontre um seguidor de Saulo de Tarso, o São Paulo que de perseguidor dos religiosos, passou a pregar o perdão, tornando-se santo e exemplar ao cristianismo. Fui rezar para Maria mãe de Cristo pedindo uma orientação. Lembrei- me do Dr. Lucano, que depois de falar com  Maria, escreveu com fé cristã o evangélico, segundo São Lucas ou Lucas como ficou conhecido. Confesso que não queria mistura minha fé com o caso da paciente, mas fiquei flutuando entre o científico e tentando traduzir os clássicos escritos religiosos do passado. A alma humana, ou sua psique será sempre o assunto filosófico de todos os tipos de crença e mesmo dos agnósticos. Após a morte a esperança do nossa presença em espírito no Paraíso Divino de Dante Alighieri divide a humanidade em crentes e ateus. Sem nada provar, às vezes, por motivos sórdidos ambos conflitam entre si em guerras infrutíferas gerando mortes desnecessárias. Lembrei-me das intermináveis guerras santas, na realidade políticas para angariar fundos junto aos políticos ou Reis católicos. Hoje as guerras políticas muçulmanas baseadas em crenças e interpretações individuais. Esse foi meu ponto de partida para orientar psicologicamente a Meire.

O tratamento foi frustrante nos primeiros anos tanto para os psiquiatras, como para mim. O seu comportamento não mudou, em alguns momentos verificava piora. O pai quando chamado insistia em dizer que sua filha era louca, para piorar a situação. A mãe acreditava que os santos estavam protegendo a filha. Quando a Meire se abria comigo, saia dizendo que precisava fechar o corpo para se proteger.

Aos 15 anos de idade apareceu no consultório com várias amigas vestidas de branco para falarem comigo. Aceitei com uma condição que não seria uma consulta e sim um bate papo.

- Essas são minhas amigas e irmãs de terreiro. Queriam conhecê-la há tempos, mas só agora decidi trazê-las. Todas dançamos e rezamos juntas no terreiro e fazemos nossos trabalhos para que tudo de certo na nossas vidas. Muito do que fazemos aprendi com a senhora que sempre me orientou para fazer e receber o bem. Agindo assim poucas vezes precisamos afastar o mal que nos atinge, porque as suas ideias nos coloca sempre longe dele. Estamos aqui para agradecê-la. Prometo fazer boas rezas para o seu bem.

- Muito bem, contem um pouco das suas vidas. Disse mesmo surpresa com a invasão do meu território, confesso que fiquei curiosa com a atitude do grupo.

- A Meire é a nossa orientadora nas práticas de nossos trabalhos. Sabe tudo que nosso pai de santo orienta. A nossa dança nos diverte e nos faz enxergar um mundo melhor.

- Desculpem-me, mas como nunca fui a um terreiro alguma de vocês podem me explicar como realizam a dança.

- O pai de santo reza e abençoa uma bebida forte. Cada uma de nós toma uma porção e continua ouvindo as rezas e pedidos aos orixás. De repente, uma de nós sente o espirito no corpo e começa a agitar e logo em seguida Inicia a dança para agradecimento dos pedidos da comunidade. Todas aprendemos observando a Meire. No final todas entramos em transe e dançamos juntas por horas.
- Fico surpresa em saber que formam um grupo religioso ativo. Só gostaria de entender a bebida que tomam do que é feita?
- Uma delas que permaneceu de pé disse que já viu fazer: um pouco de pinga, raizes sagradas, folhas e açúcar. Conforme o trabalho pode mudar algum componente que ainda não sei o nome, só o pai espiritual sabe. Sei que passa a noite junto com um frango preto sacrificado com milho e comida ao redor. Tudo para agradar os orixás, ou afastar os mal espíritos, amarrar os bons e ajudar os necessitados.

Foi a última vez que veio ao consultoria. Pouca vezes a vi no caminho do meu trabalho. Sempre de branco longo. Soube que nunca parou em seus emprego. Seria parafrenia, como diagnosticou o aluno, hoje psiquiatra famoso. Acredito que sim, pois não percebi qualquer diminuição de sua inteligência, ao contrário virou mãe de santo.


## 6. A vida assim caminha

As horas de trabalho acabam sendo rotineiras. A vida particular toma impulsos que ocupam todas as nossas ações. No final de um dia ainda procuramos o telefone, o celular e os e-mails. A sensação que fica é que não preenchemos todos os nossos compromissos. Assim terminam a maioria das noites até nos adormecermos em fantasias e acordar entre sonho

Em geral, quando as coisas vão bem sonhamos positivamente, ao contrário dos momentos de pesadelos. Viver a fé que temos no Criador todos os dias nos da esperança de que tudo acaba dando certo. Todos os dias guardo um horário para minhas orações. Pela televisão acompanho os canais religiosos, quando me concentro em um terço ou missa. Gosto de refletir sobre os primeiros escritos sobre a existência de um Deus único, Criador da humanidade e seu Filho. Os escritos sobre a evolução alma na Terra e o espírito com a promessa de uma vida eterna, prometida em um desconhecido reino, mas referido como Paraíso Divino. Apesar de considerar um ensinamento repetitivo, nos faz reavaliar de modo constante a nossa crença. Fui criada no catolicismo, mas o meu pensamento em relação a vida espiritual pratico o tipo de fé ecumênica. Aceito todas as ideias religiosas que visam a perpetuação da humanidade, a caridade, a solidariedade, a leniência, o intangível, o amor ao Criador e a todas as coisas. A felicidade tem suas flutuações temporárias, mas é assim que a encontro, refletindo sobre a vida que vem do Criador.

Antes de me casar vivi junto aos meus pais que por minha causa mudaram para São Paulo, de onde nunca saímos. Junto com eles terminei a universidade e até continuei o pós graduação. Foram anos de muita tranquilidade e experiência profissional. As dificuldades foram superadas com trabalhos temporários no Estado, até nos fixarmos em assessoria ao ensino e às empresas. Algumas empresas realização reuniões e congressos em grupos cristãos de gestão. Convidada a participar tive oportunidade de aplicar meus conhecimentos de filosofia e minha crença em Deus e na religião católica que sempre pratiquei. Os congressos eram montados para empresários cristãos da América do Sul. Padres e pastores participavam para dar uma visão ética e religiosa da missão do empresário na humanidade.

O mais importante nesse período foram as reuniões políticas filosóficas em que participava de um grupo com comportamento social à esquerda, como se auto intitulavam. A realidade eram mais de oposição ao regime militar que estava se prolongando como ditadura e supressão das liberdades individuais de manifestações. A falta de democracia, liberdade de expressão e falta de novas lideranças foi o tema mais desenvolvido entre os participantes. O assunto principal que se expunha, seria como exercer o poder pós a saída dos militares no poder. Que tipo de visão deveríamos ter para o futuro do país. Como planejar os primeiros passos para uma nova constituição com liberdades e responsabilidades políticas. Como planejar o foco no ensino, priorizar a educação, acima de todos os problemas sociais. Planejar um movimento de esquerda social, democrática e desenvolvimentista preparando a população com escolas capazes de preparar os alunos desde o curso pré escolar até ao doutorado, com várias etapas profissionalizantes. Baseados na renda familiar e na capacidade intelectual a qualidade do ensino superasse nosso déficits de inteligibilidade na escrita e na fala dos brasileiros.
Apesar de muitos exagerarem no socialismo do passado, se prenderem as ideias de Lenin e não as de Gorbachev, querendo unir as Américas pela revolução, novas propostas surgiam. Todos se fixavam na construção de democracia e não retorno à ditaduras repressivas. Para os mais radicais o socialismo estava perdendo suas características dominadoras e agressivas contra as desigualdades sociais, nesse mundo moderno. Precisaríamos encontrar meios de dominar as grandes fortunas e exercer poder de fogo contra o desenvolvimento das mesmas, a começar pela terras. Estatizar todas as grandes empresas favoreceria o poder social instituído. Os diálogos continuavam assim sem o necessário conceito filosófico da modernidade que avançava em ritmo alucinante. Volta ao passado intelectual do início do século vinte foi o que mais discutiu, sem nenhuma projeção ao futuro. A filosofia de Marx não é de toda desprezível, apenas foi ultrapassado, o socialismo adotado pelos russos foi desastroso sem respeito a vida humana. Mais do que ideologia todos queriam o fim da ditadura militar no Brasil.

Pina era o que mais tentava liderar nossas ações:

- Tona, você sempre nos repreende quanto a nossa falta de Filosofia Política. Gostaria que expusesse o que representa a melhor maneira como nosso grupo poderia chegar a esses conceitos políticos e aplicá-los na prática atual de mudanças de comportamento globalizado, exercendo o poder no Brasil.

- Difícil a resposta, mas a conjuntura filosófica depende de muito estudo político social de conhecimentos atuais da nossa população, em que estado se encontra e compará-la com as demais mundiais. A procura de uma filosofia que conjugue as nossas necessidades básicas ao desenvolvimento global e nos projete a expectativa de melhora da população. A falta de uma liderança capaz de conduzir as bases sólidas de uma tese filosófica capaz de levar ao país ao desenvolvimento sustentável, à democracia e à educação progressiva. O difícil é encontrar uma condição estabilizadora das classes sociais. O político será sempre o ponto de instabilidade, dependente de projetos capazes de alterar o que lhe foi delegado pela população.

- Diante desde raciocínio qual seria o perfil ideal de um filósofo para que essa nova liderança surja?

- Precisa de ter sensibilidade sobre o comportamento brasileiro, um país continental, sem tradição de partidos, ações políticas individuais, descompromissados com seus eleitores e presos em campanhas políticas ao financiamento empresarial e posse de empresas estatais. Um sistema complexo de lobbies que se sustentam sem mudanças efetivas quer sejam estruturais quer sejam de manutenção. Será preciso uma ação filosófica muito forte, voltada para um povo pouco participativo, sem qualquer tradição partidária, com um desempenho crítico abaixo do desejável, conformado com situações ridículas, exige benefícios para si, desconhece seu voto, convive com a corrupção e não é nada patriótico.

- Como um líder político poderia ser orientado dentro dessa análise?

- Teria que agredir as bases da sociedade atual e tentar reconduzir o povo dentro de outras expectativas. O choque social e político precisa atingir o público e principalmente o privado. Acredito que o próprio judiciário necessita de reformas estruturais adquirir maior isenção dos demais poderes. Os conceito éticos e morais modernos, mesmo com regras dinâmicas atuais, precisam ser julgado com rigor sobre o comportamento sejam empresarial, sejam governamental. Usar a cibernética como a principal fonte de dados para as ações.

- Entre nós, acha que alguém já formulou parte de uma filosofia capaz de preencher alguns dessas sugestões?

- Difícil. Vou pensar antes de responder.

- Os filósofos clássicos podem nos fornecer algum caminho a ser seguido, comparando o passado com a situação caótica do Brasil atual?

- A nossa situação é complexa e cheia de erros passados, mas nosso país funciona, as instituições sempre funcionaram, mesmo na ditadura militar. A palavra democracia foi propagada, mas limitada ao veto de julgadores de farda e não de beca. Denunciados e julgados de modo subjetivo, os sentenciados acabavam passando por torturas desnecessárias, para servir de exemplo. Foram anos de atraso tecnológico e cultural. A oposição de esquerda além de retrógrada associou ao seu oposto a direita empresarial, para fins de obter vantagens individuais financeiras. Todos os políticos se uniram em torno do sistema de corrupção e propinas com a anuência do judiciário. O rouba mas faz assolou todos os cantos desse país extenso. Houver corrupção de salários, propinas acima do ganho de produção nacional ou seja do PIB nacional. Os caras amarelas foram às ruas apenas para troca de corruptos e não enxergou que o povo faz parte da mesma. Com a disseminação desse sistema como encontrar um filósofo que mude o comportamento individual e coletivo dos brasileiros?

- A mídia apresenta alguma evolução no sentido de mudar o comportamento atualmente estabelecer novas regras éticas que atinja a sociedade brasileira como um todo?

- A forma como está estruturada, dependente do governo, da empresa governamental ou contratada pelo mesmo sistema particular corruptor. Percebe-se que não existe empresas totalmente independentes, pois os bancos do governo estão atreladas aos três poderes e os particulares entram no mesmo jogo. A cobrança de impostos não é técnica, mas sim fica na mão de políticos que o manipulam a toda hora a seu favor e não a favor da população brasileira. Há falta de dignidade e de patriotismo em cada lei ou emendas complementares. A corrupção nesse setor é passiva e ativa. Os lobby's são fontes das piores ilegalidades já existentes no Brasil, envolvem as empresas estatais e as privadas  usando os recursos do tesouro nacional e oferecendo altas propinas para os políticos e funcionários públicos.

- Como professor de filosofia, também me penalizo quando penso Brasil. Às vezes, procuro me desencobrir  de toda a filosofia histórica e procurar uma solução futura para os costumes, para a ética, para suas regras e provocar a mudança comportamental da nação inteira. Procuro não dividir o país, mas encontrar na língua que falamos em poesias e prosas objetivos que despertem os neurônios contaminados pela corrupção na maioria dos cidadãos. Definir mudanças dentro de novos conceitos sem me atrelar aos já ultrapassados filósofos e políticos. Esses antigos refrões, repetidos a exaustão, já não produzem nenhum efeito da direita à esquerda do país. Defino a política de centrão como a única capaz de manter a corrupção estabelecida comatosas as propinas ativas.

- Acho esse o bom conceito para ser discutido, diante das nossas realidades históricas. O momento é propício. O judiciário aparenta a primeira reação condenando políticos importantes e megaempresários. O efeito anticorrupção já começou. Abre-se caminho para novas concepções e filosofias para definirem o futuro dentro de outros conceitos mais sólidos aceitos pela população de modo geral. Falta a liderança preparada que tenha a visão, a sensibilidade e o patriotismo fundamental para alavancar essa cultura decadente.

- O exército está colaborando, com uma instituição segura para a democracia. Precisamos mudar a nossa posição política agora. Essa frase ouvi de um pensador, sem formação filosófica, dedicado ao comportamento e a comunicação humana. Estuda as estruturas neuronais como vem se desenvolvendo ao longo da nossa história. Trás como novidade uma crítica saudável dos caminhos percorridos pelo nosso cérebro até adquirir os conhecimentos e comportamentos do nosso momento globalizado. O número de informações excessivas precisam ser filtradas e distinguidas a favor da nossa verdadeira formação intelectual. Essa só pode ser obtida de dados concretos fornecidas por escolas que resumem dados seguros de conhecimentos bem selecionados. Precisa superar a mídia, a falsa notícia, os livros de propagandas, o fundamentalismo religioso, a internet, a própria educação como vem sendo sendo transmitida e os conceitos familiares de não participação no governo. A reciclagem proposta precisa passar por todos os níveis de formação escolar necessitando compreende-se melhor o passado, adaptar-se a dinâmica do presente e prevenindo-se a sustentabilidade do futuro. O mundo não permite mais experiências aleatórias, mas somente as sustentadas por bases científicas e seguras. O novo líder que surgir precisa preparo técnico e científico para decidir, não basta carisma, boa oratória e prometer falácias futuras. Honestidade, ética e patriotismo deve estar acima de sua capacidade administrativa. Precisa de uma família e ter dedicação humana para os seus.

- As concepções são excelentes, mas teóricas. Tenho formação cristã concordo com essa forma de pensar. Rezo todos os dias e faço reflexões demoradas sobre todos os ensinamentos bíblicos e históricos. Por mais inconsistências que se possa encontrar nos escritos milenares, sempre da para se obter dados concretos de filósofos, religiosos, escritores e  poetas. Uma frase da antiguidade pode mudar um pensamento atual ou nos deixar sensibilizado para criação de novos elementos comportamentais. Acredito que o progresso depende dessa quebra de tabus entre o novo e o velho para ter sucesso. Os novos líderes precisam de coragem para avançar suas prerrogativas de estabilidade sem quebrar os elos complexos de símbolos passados, mas apenas respeitando-os e ajustando os comportamentos, usando a coragem de mudanças, sem acreditar num único objetivo, mas reconhecer vários ao mesmo tempo. A escolha do objetivo viável para sua aplicação social tem que ser o primeiro passo, a seguir suas correções de metas.

- Ouvi do pensador que nossos objetivos devem ser como o Universo. Constituído de espiras de astros, sem uma constante conhecida, por mais que se calcule seus logaritmos e algoritmos, mesmo para a espira que vivemos, a Via Láctea. Mas sabe-se os que existe uma constante que mesmo desconhecida deve ser considerada.

- Parece que nesse ponto a filosofia e a matemática se apresentam como ciências inexatas. As probabilidades são tantas que não se chega a valores constantes e com exatidão. Talvez seja o maior desafio para o filósofo que deseja arquitetar o futuro político da nação a falta de uma constante na população brasileira. Acredito que devemos procurar se aproximar dos pontos próximas da constante.

- Voltaremos ao assunto.

Sai com um pensamento fixo em pesquisar alguns pensadores fora dos filósofos tradicionais, escolheria aqueles que somassem algo de atualidade ao tradicional. Melhor seria reconhecer alguém capaz de desenvolver uma tese sobre o assunto, mas com muita experiência política e social. Quem hoje teria condições, inteligência e liderança para iniciar um processo de mudança dentro do complexo político e social da nação. Os economistas começam a estudar o comportamento neuronal do cérebro humano, o que não deixa de ser importante considerar aspectos comportamentais e filosóficos além dos financeiros. Entre os políticos atuais a parte filosófica se mostra ultrapassada tanto em novidades, como em preocupações sociais. Mesmo excelentes políticos os quais conheço, parecem surpreendido pelas ondas das descobertas dos meios ilícitos a que se submeteram nos últimos anos, aceitando situação sem a intensa rejeição que merecia. A corrupção, a propina, o financiamento empresarial e o sistema partidário público destroem qualquer tentativa de estabelecer novos conceitos filosóficos. O Brasil está afogado em denúncias políticas e empresariais sem chances imediatas de mudanças. Os nano-partidos não se obrigam a oferecer qualquer ideologia, programa ou oposição. Vendem seus votos e discursam conforme suas conveniência pessoais e ofertas do executivo. O mais puro fisiologismo político que se tem notícia em uma república quase democrática. Pensar uma solução encontrada por um filósofo do caos seria o mais apropriado. Quem sabe? O não político de carreira poderia apontar como nova liderança as avessas do que se consolidou como maneira desfazer política. Pior ainda foi maneira como se exerceu o poder na formação da nossa República. Os três poderes até hoje não conseguiram viver independentes, mas sempre se relacionaram de forma que proteja o outro, mesmo nas ditaduras. A vigilância, o corporativismo, os acordos sofismáveis de leniência, aconchegos entre si e sempre separados da população levou a desmantelar o Brasil por mais de um século. Sem patriotismos sugiram muitos salvadores de pátria e nenhum salvador da República do Brasil.

Lembrei de Sêneca, o filósofo do caos que conviveu com Nero. Mesmo vendo que o Império Romano se desfazia sob seus pés, sentindo o seu próprio fim e mesmo assim aguardou sua execução. Vendo Nero, filho de mãe assassina, matou seu irmão para usurpar-lhe o reino e expulsar a mãe preferiu esperar seu próprio momento de terminar a vida em martírio. Assistiu à loucura do imperador até ao fim, sabia que talvez fugir dos cinturões de Nero o sofrimento ainda seria pior.

O mesmo acontece com Cuba e Venezuela. Os filósofos e pensadores são inibidos, presos ou torturados pelos ditadores como contrários ao regime. Aqueles que advogam um pensamento de esquerda com estado totalitário continuam vivendo seu sonho. Se desobedecem a ordem central são deportados ou mortos.

Os nossos filósofos brasileiros ainda não passam de professores da matéria sem atuação política capaz de influenciar a nação. A maioria dos que ocupam destaque na mídia se limitam-se às críticas e aos ensinamentos. Por enquanto, não vi nenhum com disposição de assumir o quadro Brasil, trabalhar uma tese abrangente e apontada para um futuro patriótico da nação. Os pouco que se manifestam politicamente declaram o marxismo-leninismo socialista superado há décadas dos filósofos europeus e americanos. Exercem pouca ou nenhuma influência importante na vida política nacional. Continuei pensando...

O perfil desejável segundo o pensamento filosófico brasileiro

A nossa reunião foi retomada dias depois com o tema para desenvolver o pensamento desejável e moderno para a política a ser desenvolvida para as próximas eleições majoritárias. O presidencialismo local apresenta o indesejável negativismo ao exercício do poder, preso ao convencimento dos grandes e dos pequenos partidos. A obstrução da pauta sempre está voltada a vantagens políticas ou financeiras. Todos querem constrangerem o chefe de governo por seus intentos e, em geral, apresentam projetos que não correspondem aos anseios do povo. Professor Pina iniciou o diálogo:

- O direito individual deve prevalecer sobre o do Estado. Parece que até hoje o governo brasileiro é quem prevaleceu sobre a população, o que deveria ser diferente. As últimas legislaturas governam totalmente separada do povo. Os políticos engavetaram ou modificaram todos os projetos criados pela população. Está acontecendo um sinal no judiciário, Agora começa se movimentar no sentido de diminuir os excessos de poder governamentais. Procura equilibrá-lo tanto no legislativo como no executivo oferecendo regras mais claras à Câmara e ao Senado. Acredito que seja um bom começo, mas ainda falta uma consolidação de procedimentos no Supremo Tribunal.

- Nenhum filósofo brasileiro ainda se destacou em comentários sobre esse novo comportamento, disse, me referindo ao diálogo anterior. As falas atuais da política se perdem em condenações e absolvições de corrupção, propinas e insustentabilidade. Pensam erroneamente que um jurista poderia resolver a crise prolongada que vivemos. Sabemos porém que o problema é muito mais complexo, além de matemático exige gestão pública e técnica. As lideranças se alvoroçam em torno da situação sem dar um rumo. Os três poderes estão em conflito e amarrados há um pesaroso passado recente de desmandos público e privados. Cada um procura uma solução mágica o que é impossível de se suceder. O judiciário se apresenta como moralizador, mas não suporta os encargos administrativos e os políticos partidários, a maioria não está preparada para assumir o executivo. A nação perderia o equilíbrio e poderia provocar uma perda dos direitos individuais provocado pelo próprio zelador do mesmo, devendo ao substancial desequilíbrio ético. Imagino os julgadores auto-julgando-se.

- Teríamos um outro caos à brasileira. Para dar certo os membros do judiciário que se dignem a candidatar. Devem participar de um partido politico o que ainda faz parte da Constituição. Muitos agem politicamente esquecendo que deveriam apenas cumprir a lei. A indicação política para o Supremo deixa sempre a dúvida se o ministro tem isenção de conduta. As discussões inerentes a aplicação da lei, sempre mostram grupos tendenciosos aos partidos que os indicaram. O caso do procurador que abandonou o cargo para trabalhar uma grande empresa corruptora e orientar a maneira de ser livrar de sua condenação, refletiu mal na população, na Procuradoria e no Supremo. O pensador mais profundo percebe que não existe o salvador da pátria, mas sim apenas tramas judiciais, dentro do próprio judiciário tão perigosas, como as do executivo e legislativo.

- Concordo que é preciso a análise de todos os setores do poder constituído para depois encontrar fórmulas éticas, sociais e regras que estabilizem os poderes. Os problemas sociais brasileiros funcionam como desestabilizadores do Congresso e do Executivo. Ambos escolhem seus próprios julgadores. como não possuímos um resumo de Constituição estável, as novas regras e mudanças ocorrem todos os dias. A última constituinte foi um arremedo do Brasil Colonial se defendendo para se transformar numa República. Ainda que válida como tentativa de estabilização, apenas defendeu-se das ditaduras e tentativas anteriores de retrocessos democráticos. O país viveu trinta anos de uma quase democracia republicana, apoiada no presidencialismo congressista ou pseudo parlamentarista. O judiciário evoluiu em suas bases e o Supremo estabilizou-se em patamares de aceite da corrupção política, Mostrou-se mais preocupado em aumentar seus próprios salários do que enxergar os caminhos dúbios que a política e a empresa tomaram, envolvidas em corrupção e propinas. Quantas foram as regras que o judiciário deixou de cumprir quando atreladas a políticos e a empresários corruptos. O que um filósofo experiente pensador político-jurídico possa ajudar no contexto atual? Esse projeto nacional ainda necessita de muita reflexão. Porque não dizer como cristãos, religiosos e outras doutrina nos devemos recriar a nova fé patriótica e humana capaz de reacender nova esperança ao Brasil.

- Professor Pina continuou o pensamento. A palavra fé determina o comportamento de dar crédito à quase verdade sobre um tema. Acredito que a consciência de que o poder é para servir e não só ser servido de salários altos seria o aspecto mais importante a ser empreendido por um pensador que conseguisse transformar a lei que existe em fé jurídica. A agastada fé religiosa, principalmente a voltada para a política religiosa com seus dízimos lavados em campanha pelos próprios congressistas e pelo executivo. Até hoje são atos ignorados pelos olhos sempre cobertos da justiça.

- O tema é pesado professor. Os traços de condutas ilegais, consideradas legais e reconhecidas pelo governo é a maior alavanca politico-partidária do país. Somem a governança estatal, a paraestatal e as aliadas empresas particulares, encontramos a maior corrupção da história da humanidade.

- Dizem que é o povo que elege o poder constituído, portanto tem culpa. Diante dessa afirmativa aqui no Brasil não é uma verdade. Quando uma autoridade assume o poder, dizem que o seus filhos vêm juntos. O poder familiar se perpetua, perpetuando falsos lideres. Como realizar a quebra do nepotismo existente com traços hereditário de corrupção ou propinas constitucionalizavas. Mesmo nos sindicatos, associações, empresas de fachadas e outros tantos grupos efetivando subornos ao tesouro nacional. A saída para a proteção do sistema financeiro público não apresenta solução nem de baixo para cima e muito menos de cima para baixo onde é gerado. O mundo político já perdeu legitimidade, encontra-se virtualizada pela falsa propaganda e inexistência de representatividade regionalizada. Os programas políticos não saem do papel, apenas o interesse particular e transformar verbas estatais em propinas para as próximas eleições.

- Fazer a proposta constituída como básica nos próximos programas de partidos e exigir sua realização via emenda constitucional, utilizando a mais forte corrente popular de pressão e movimentos apartidários poderiam surgir efeitos. Como o filósofo poderia abranger tamanho empreendimento?

- Tem que ser criativo e assumir a liderança intelectual do processo de mudanças. O mundo de ideias é dinâmico e sempre terá oposições. Penso que essas coisas precisam acontecer naturalmente e não adianta serem impostas. Quando iniciamos um assunto não demora aparecerem lideranças para discuti-lo. O que muitas vezes levam ao desinteresse são as disputas competitivas, em detrimento da união entre as filosofias e determinação de uma única linha de compromisso. A palavra escrita é mais confiável que a discussão aberta na formulação de uma tese. Os dados colocados em folha são por si só repetitivos e aprimoram o entendimento coletivo. Com regras bem estabelecidas e com foco global nas mudanças de comportamento brasileiros, de forma insidiosa pôde-se chegar a um bom resultado futuro. Devemos incentivar o início desse processo.

- Professor, o assunto é por demais complexo, mas concordo em tentar.

- Vamos tentar fazer um resumo sobre os objetivos do perfil desejável:

1. Conhecer bem como foi montado o sistema republicano brasileiro.

2. Identificar os pontos constantes negativos ou positivos do comportamento brasileiro.

3. Analisar os três poderes e introduzir novos conceitos de relacionamento e independência.

4. Pensar o comportamento político social produtivo regional.

5. Rebater o decadente socialismo europeu prol de algo novo, atual e democrático.

6. Transmitir o conceito de formação educacional globalizada nas escolas, sem correntes políticas, religiosas ou sexuais.

7. Preparar a estrutura psicológica social ao comportamento do trabalho cibernético.

8. Reduzir o índice populacional e dar qualidade à educação ensino acima da comportamental familiar.

9. Produzir a justiça preventiva a partir de pequenos delitos, sem encarceramentos desnecessários, com apoio da sociedade.

10. Justiça especial para o menor de idade, com prorrogação até pós maioridade.

11. Responsabilizar os pais pelos filhos independente dos tipos de núcleos familiares.

12. Todo profissional responsável pelo desenvolvimento de recursos humanos fica responsabilizado pela ética e pela moral estabelecida pelo poder judiciário.

13.    O combate à pobreza deve seguir prioritariamente a linha educacional, o foco devem ser as crianças nas escolas, mesmo na ausência dos pais.

14.    O governo só promoverá o desenvolvimento sustentável brasileiro através de empresas partícipes com a responsabilidade de devolução social dos valores angariados, ou segurados, sem a comprovação dos mesmos deve aumentar os seus impostos.

15.    Enquanto o PIB for negativo ou baixo fica proibido qualquer investimento ao estrangeiros pelo governo. Para envio de valores ao exterior necessita aprovação em plebiscitos.

16.    Com o aumento da produtividade interna os impostos devem sofrer redução e desburocratizarão.

17.    Os três poderes deverão ter suas contas abertas e explicadas ao público sem subterfúgios, somente os militares usarão a palavra segredo.

18.    O nepotismo deve ser julgado pelos três poderes, parente o filho para ocupar o cargo do pai deve ser sabatinado pelos outros poderes e sessão aberta ao público em rede.

19.    O voto popular de ser livre e políticos distritais em campanhas locais. Para os cargos de presidente e senadores a campanha será feita pelos distritos e não nacional.

20.    O único jogo permitido para os três poderes será o ganha-ganha da população e nunca o individual. O corporativismo deve ser julgado como ilícito e perda da função exercida.

Após refletir um pouco eu disse:

- Parece um perfil adequado que visa a mudança do perfil atual do Brasil para outro tipo de liderança regional, se obtiver sucesso, poderá ser até nos globalizar com sucesso.

- Prometo pensar em cada item que deduzimos desse diálogo. Precisamos de muita reflexão para oferecer algo que possa traduzir o Brasil República Democrática aos olhos do mundo.

Confesso que fui para casa rezar, ou melhor meditar. As minhas rezas repetitivas sumiram da mente. Fiz uma oração expontânea à Maria, que teve tanta paciência com seu filho condenado injustamente, com políticos, religiosos levando-o a morte e lavando as próprias mãos. A única coisa que pedi foi para que o exemplo sirva para atuar positivamente na mentalidade brasileira atual.

Olho o Brasil dentro da América Latina sem rumo ou perspectivas de melhora. O desânimo nunca deve nos abater. As situações calamitosas muitas vezes nos levam a soluções inesperadas. Penso que a mudança já está acontecendo pelo judiciário. As respostas políticas estão apresentando resultados satisfatórios. Os riscos de retorno à políticas desastrosas e antidemocrática são imensas no sentido de iludir o povo com mentiras e promessas de ajudas sociais infundadas. A quedas dos sindicatos abastecidos pelo governo, as mudanças trabalhistas, o ajuste fiscal e a ação judicial mudam as expectativas de modo positivo. A aposentadoria é a pior das relações do governo com os empregados e funcionários públicos. Os aspectos mais marcantes são os políticos e judiciários, onde o custo já passou de muito em relação a capacidade produtiva do Brasil. Ambos apresentam marcante conluio entre si quanto a fiscalização mútua comparadas com os cálculos de custos baseados no PIB nacional. O que fica mais evidente é a aprovação de ganhos em cascata lesivos ao erário público. As fiscalizações falham e passam por cima das corrupções ativas quanto as aposentadorias em geral. As obras, a Saúde, o Ensino, a Assistência Social apresentam um dos mais baixos índice de produtividade, a maioria conduzida por gestores políticos incompetentes.

Diante desse quadro fico preocupada em encontrar uma liderança ou lideranças filosófica capazes de motivar o político e mais árduo ainda o povo a seguir outro novo caminho. A prosperidade depende em parte de uma filosofia a ser seguida, mais ainda da aceitação institucionalizada no imenso território nacional com sua fronteiras abertas a vizinhos com tênues ou quase nenhuma democracia.
O bom líder costuma aparecer nos momentos em que se necessita da mudança e equilíbrio inicial, a seguir oferece oportunidades aos outros evoluírem seguindo seus caminhos. A esperança se satisfaz quando diante do chamado, alguém responde aos anseios populares de modo efetivo. Encontramos indivíduos bons e capazes dentro do meio político, bem como pode surgir de uma circunstância ocasional do meio do povo. A rua pode definir um personagem, estimular seu lado bom e conduzi-lo como novidade em gestão pública. Porem, tudo é possível no contexto atual, até o indesejado retrocesso semelhante a dezenas de ditaduras de direita ou esquerda, ambas castradoras da competitividade global, com anos indefinidos de atraso. Estas matam os filósofos e pensadores em prol de sua permanência no poder.
Com esses pensamentos borbulhando nos neurônios centrais e periféricos do organismo, sai a procura de uma agenda positiva de reuniões, palestras e simpósios. As pesquisas via internet pareciam não sair do passado e suas ideias gloriosas, mas a futurologia esperada ficou sem respostas. O desânimo não pode nos abater nessa hora, devemos aguardar aquela em que a inspiração retorna. Alguns políticos já estabelecidos voltaram a falar em falência do presidencialismo atual, acreditando ser o momento propício para nova assembleia constituinte pró parlamentarismo. Há a crença entre todos os políticos de que precisam mudar as regras das eleições atuais, onde o escolhido com mais votos perde para o partido do outro com menos. O voto distrital para deputados estaduais, federais, vereadores passariam a representar só a região aonde se candidatou e só os eleitores neles votaram. Melhor ainda seria se os distritos pudessem cassá-lo por motivos de corrupção, venda de projetos, infidelidade à comunidade ou faltas não justificadas às sessões. Os funcionários públicos passariam a ser cobrados por desempenho e as reclamações sobre sua prestação de serviços. Passam a receber pela média nacional de sua função e poderão ser demitidos e readmitidos quando necessário para cumprir metas financeiras.

Reuniões de esquerda

Passei a verificar as ações da esquerda. O resumo de vários dias e horas de observações não consegui nenhum fruto filosófico moderno mesmo entre os mais pensantes. Desisto de discutir a verborreia de seus líderes falantes e indigestos sem qualquer mensagem positiva quanto às soluções de um país viável, moderno e melhor administrado. O assunto era a volta do poder perdido por incapacidade administrativas e corrupções de seus principais líderes vencedores das ultimas eleições. Os objetivos atuais estavam em libertar seus líderes presos em julgamento oficial, pouco importando as provas dos crimes praticados. O julgamento de seus erros e aceitação de propinas de empresários da direita, soava como golpe e não falta de patriotismo ou idealismo. Ficou evidente estarem magoados com a reversão de seus intentos de perpetuação no poder e não com a reversão social e democrática do Brasil, a exemplo da esquerda francesa. Apoiam o centenário do falido Lenin e as agressões dos ditadores da conturbada Venezuela, culpando a queda do preço do petróleo. Ainda acreditam no modelo ultrapassado dos cubanos, sem inserção global, esquecendo como se deu a evolução chinesa. Decepcionante falar em sem terras e sem tetos politizados e esquecerem os trabalhadores desempregados, não reconhecendo que a ajuda corrupta da elite da construção, dos alimentos e da automobilista levou o país água abaixo na sua maior recessão. Pior que o erro é a insistência em permanecer nele através da mentira e interpretações dos conhecimentos de ciências humanas de formas radicais e das estruturas falhas aplicadas no ensino das escolas no país.

Perguntei a um amigo velho moderado Ali Jabor, ligado do PCdoB:

- O seu partido participou, apoiou o governo chamado de esquerda nas últimas gestões presidenciais. Como explica tanta corrupção envolvendo grandes empresários de direita a desastrosa condução da economia?


- O partido tem sua filosofia sócio-comunista democrática que acredito que não foi praticada por nenhum dos dirigentes governamentais que se dizem de esquerda, até no Foro de São Paulo. O PT não é e nunca foi um partido com ideais comunistas. Os demais partidos fazem parte de centrão político sem qualquer compromisso filosófico com o que chamo de comunismo contemporâneo. Respondeu Ali.

- Ali, o que você está me dizendo aqui nunca possuiu a verdadeira esquerda política baseada em Carl Marx, Lenin ou Fidel? Nunca se modernizou em relação à própria Rússia ou China?


- Em parte, devemos a as lideranças atuais a falta de objetivos específicos na condução do exercício do poder com compromisso social e econômico voltado para desenvolvimento interno do país de modo democrático e externo global. O Brasil socialista que desejo precisa de se desenvolver sem as diferenças de classes sociais econômicas e dos direitos civis. Precisamos de muita democracia e justiça. A política é para servir e não se enriquecer.


- Como vê a esquerda de um modo geral pedindo a libertação de presos políticos condenados pela justiça?


- Tona, você sabe melhor que eu, a dificuldade de se conseguir uma liderança. A perda de um líder é muito traumática. Mesmo que tenha praticado atos ilícitos, de algum modo  seu seguidores não o abandonam. É semelhante aos pais que perdem seu filho jovem e continuam preservando as suas memórias. Só a presença de outro líder com a mesma capacidade de aglutinação teria o poder de carregar seus adeptos.


- Pelo que pensa a esquerda brasileira precisa se reinventar e apresentar outra forma de oposição as novas forças que surgirem?

- Espero que já na próxima eleição nos recuperamos com os seguidores fiéis à ideologia comunista moderna e democrática.


- O discurso ideológico está bom, mas a prática acaba sempre em mãos inescrupulosas e ditatoriais, com poucas excessões.

- Os demais regimes políticos sofrem do mesmo mal. Tem certeza que um dia acertaremos e as ideias serão concretizadas na prática.

- Sorte na sua complexidade insustentável por hora. Foi um prazer encontrá-lo.


Reuniões da direita

Pelos conceitos atuais, a queda do muro de Berlin deixou nossa direita acéfala. Os comunismos russo ou chinês deixaram de ser temas importantes. A discussão ideológica perdeu o seu espaço centenário. As classes trabalhadores assumiram o poder e não mudaram as expectativas de vida. A comunicação moderna atropela os fatos e as mazelas políticas de direita ou esquerda são logo noticiadas.
 Hoje existe o político fazendo o discurso religioso, afastados dos grandes líderes mundiais do cristianismo e voltado à interpretação pessoal do evangelho. Preocupados em arrecadar fundos para suas seitas e aplica-lá no desenvolvimento próprio, pessoal e principalmente cargos ou favores fiscais. Chamados pastores evangélicos que pregam desde o radicalismo religioso com lavagem cerebral, até a libertinagem social da nova família agregada. Tudo se prende ao pagamento o dízimo obrigatório pelos fiéis, contribuição para um templo físico, pertencente ao pastor, para poder atuar nos governos pela isenção de impostos para suas igrejas e aplicar as sobras em candidatos políticos que os protejam.
A outra elite da direita é constituída de empresários conscientes de que se não conterem a esquerda radical, mesmo esta sendo minoria na política, poderão perder suas empresas. Evitam entrar em corrupções ou se aventurarem em planos mirabolantes nacionais. O medo dos partidos trabalhistas sindicalizados constitui o receio mais evidente. Acreditam que o sistema bancário e de financiamentos oficiais poderão ter rumos diferente ao da produtividade, serão desviados para fins ideológicos até para outros países. Assim aconteceu no período em que a esquerda assumiu o poder, enormes quantias para fora e desvios para a ideologia comunista que carregam na sua formação. Para obter seus intentos utilizou-se das grandes empresas de construção e das estatais em sistema de alta corrupção combinadas entre si, tentando acobertar a sua ilegalidade com projetos aprovados no Congresso a base de compra dos políticos. O exagero chegou a tal ponto que o judiciário teve que indiciar o sistema político brasileiro para o país não falir.
O judiciário brasileiro assusta pela sua formação de defesa política do trabalhador e a tendência a apoiar o socialismo de esquerda por muitos dos seus membros. Poucos ou quase nenhum apresenta radicalismo de direita militar ou civil. Acreditam em sua maioria em democracia e globalização com restrições específica às liberdades. Tendem ao nepostismo, sempre preocupados em aumentar seus ganhos e encaminhar parentes. Penso que seja uma mistura de política sem convicção, corporativismo e a prestação de serviços com tributos cobrados em dobro. Aqueles que mais pagam os impostos e as empresas são os  que pagam os altos custos de processos muito mal conduzidos, incluindo aqueles em que são absolvidos depois de uma longa e desnecessária lide recursão. A inicial de um processo não tem exigência de provas, falta um filtro jurídico preciso, o que encarece muito a execução e o julgamento dos processos. Falta ao judiciário o efetivo exercício do seu poder constitucional republicano, as leis gerais criadas do Congresso começam a passar por estudos e estabelecer as necessárias regras sociais e rotinas de igualdade e republicanas.
Os militares afastados desde a queda da ditadura estão preocupados em retornar ao poder. Apresentam o velho discurso de combate à corrupção, mas negam que o nível da

mesma atingiu toda a segurança nacional, sem juízes para julga-los e existência de um ditador míope às propinas. Os da reserva participam efetivamente da política de direita brasileira. Convidam juristas para participar é políticos de direita. A tendência desse tipo de governo é eliminar os críticos e opositores e estabelecer um sistema ditatorial corrupto e demagógico, onde a mentira se torna a verdade pela falsa propaganda. Culpam a política externa e sacrificam inocentes em nome da ordem e progresso, em geral, sem uso da constituição.

Mesmo que no início participem das urnas em igualdade de condições, depois podem apelar para a força do exército, aniquilando a democracia. O poder supera a disciplina militar, as regras da caserna passam a ser aplicadas aos cidadãos comuns. O enquadramento leva a perda de criatividade e produtividade. O nacionalismo pagas leva a nação a se desgarrar do contexto globalizado.

A melhor análise de político que foi militar é seu discurso. O pior são aqueles que não migram ao mundo político e permanecem nas casernas sem a necessária mudança física e psicológica que necessitam o líder político republicano e democrático.

Reuniões com grupos da rua

Declaram a favor do Brasil democrático, honesto e justo. Fim dos partidos políticos atuais. Mudanças nos três poderes. Descentralização dos poderes centrais para os estaduais. Educação e saúde municipalizadas. Fim da gastança desenfreada. Fim das emendas do congresso. Voto distrital. Diminuição do número de partidos e parlamentares. Cada distrito pague por suas eleições de forma descentralizadas. Sistema de segurança único. Carreira para os principais postos técnicos do país, sem mudanças políticas, como Banco Central, Banco do Brasil, Caixa Econômica e judiciário.

A minha pergunta em todas as reuniões sempre foi como assumir a liderança de um processo de mudança tão complexo, sabendo-se que a maioria dos brasileiros o ignoram. A resposta mais convincente seria que filósofos políticos ou pensadores assumissem a nova ideologia e a divulgassem a nova concepção ideológica ao Brasil. A força necessária para estimular os poderes a mudarem dentro de padrões lógicos, racionais e convincentes com a realidade nacional.

O discurso da maioria dos cientistas políticos tentam pensar um novo sistema sustentável, com um maior equilíbrio entre os poderes, onde o cumprimento da Constituição deve ser técnico e objetivo. Os três poderes devem ter independência para julgar um aos outros, como a si próprio. O povo pode agir independente dos seus representantes e iniciar processos a qualquer membro dos poderes.

## 7. O médico clínico.

- Dr. pela sua idade, penso que viveu ativamente pelo menos 60 anos de política brasileira? Como chegamos a esse ponto?
- Tona, vi Getúlio se suicidar, Jucelino iniciar a industrialização, Jânio renunciar e a ditadura do exército. A maneira de fazer política de todos aqueles regimes havia uma preocupação ética com regras claras e davam alguns sinais de patriotismo. A palavra democracia foi exaustivamente pronunciado por todos que lideraram por cerca de 40 anos. Ulisses Guimarães liderou a mudança política brasileira na Constituinte 1968, de modo efetivo. A única falha na Constituição aprovada foi o excessivo direito jurídico que o político adquiriu durante seu mandato. Talvez por medo de uma nova ditadura militar ou mesmo da justiça comum o congresso colocou proteção para si próprios. Após o desastre Collor tivemos um período de 10 anos liderados por lideres partidários e sindicais que criaram leis que os perpetuassem no poder com direitos a usar uma fatia

do dinheiro do tesouro e cobrar taxas das empresas particulares. Os bancos particulares foram os primeiros a estabelecerem relações efetivas com os políticos e foram seguidos pelas construtoras. Aqui começa o maior agravante do sistema. Verifica-se a falta total de regras ou de éticas, assim começa a imperar a corrupção e a propina sobre todo o Estado Brasileiro. A Regra era sem caixa dois e propinas obtidas pela corrupção não existia vida política ao político. Enganar o povo com mentiras e presentes virou regra através de cabos eleitorais ou votos de cabresto. Os serviços sociais passaram a serem usados como compra de votos. A maior corrupção do planeta aconteceu nos últimos 14 anos Penso que o judiciário sempre esteve envolvido, há 20 anos um juiz ganhava como um médico, hoje ganha  dez vezes mais. Parece que o salário alto recebido fechou seus olhares ao público e político. Só agora começaram uma mudança pressionados pelo povo,  por poucos políticos e raros juizes. O corporativismo institucionalizado está acabando com a nação. Os detalhes são muitos, mas as lideranças ainda vivas estão todas comprometidas pessoalmente ou através de seu partido. Desconheço um político que não  se envolveu na corrupção institucionalizadas no país ou propinas.

- Tem muitos detalhes, é verdade.mas fale um pouco dos que conheceu.

- O Ulisses sem dúvida, estive no palanque das diretas. Lá estava o antigo MDB assumindo pós a ditadura. Ainda estávamos juntos no movimento que se transformou em diversos partidos. Foi o início de um partido se repartir em tantas partes que criou o monstro tentacular que existe hoje.

- Entre esses partidos quais se distinguiram pelos seus líderes e qual foi o resultado?
- PMDB com Tancredo Neves e Sarney; a seguir Ulisses, Montoro e Quércia. O PT de Lula e xiitas como nós os chamavam. Apareceram boas lideranças como Serra, Covas, Fernando Henrique e Aluísio Nunes que se transformaram no PSDB, a pedido de Roberto Marinho da Globo.

- Como foi o caso do Lula no início? Vocês trabalharam nas mesmas empresas?

- Trata-se de um aprendiz de metalúrgico da Villares Equipamentos que perdeu o dedo mínimo na prensa. Lembro-me que a esposa grávida faleceu antes do parto com doença grave. Demitiu-se da empresa e depois de algum tempo fiquei sabendo de estava trabalhando na WV, onde eu prestava serviços médicos. Devido a sua liderança sobre os empregados acabou assumindo o Sindicato dos Metalúrgicos. Aqui começa a sua saga na política. Amigo da atendente do Sindicato casaram-se e adotaram o filho dela. O advogado sindical era o Almir Pazianoto, célebre jurista do trabalho, que ajudou na criação do PT, mas não se filiou. Confesso que fiquei amimado com a ideia, mas retrocedi quando vi que os filiados em sua maioria radicais de esquerda do extinto MDB. Quando deixei os empregos, Lula já havia se tornado no líder sindical mais famoso do Brasil, em pleno regime militar.

- Quais foram as lideranças mais efetivas, na época, em sua opinião?

- Tancredo Neves e Ulisses Guimarães sem dúvidas. Ambos não se limitaram ao partido, mas a organizar a nova estrutura política brasileira. Com muito acertos e alguns erros que se confirmam no estado atual que nos encontramos. A Constituinte sobrou só para o Ulisses que a coordenou muito bem, mas protegeu demais a figura pública do político. Permitiu desencadear uma sequência de erros judiciais e a permissividade da corrupção partidária e individual. O Tesouro e os bancos públicos foram saqueados de maneira nunca vista no planeta. A cultura mafiosa que se estabeleceu em torno das lideranças, sufocou a democracia e não permitiu a substituição por novos líderes. Cada político criou área de influência e passou a dividir nossas riquezas com seus partidos e até com países estrangeiros através de empresários corruptos. Os gastos se multiplicaram por três: uma parte para o político, duas partes para a empresa, sendo que uma das partes destinada a impostos nem sempre foram pagas. O valor de um gasto chegava a ser multiplicado por quatro vezes o seu custo real. Só temos culpados sem nenhuma liderança contra a corrupção estabelecida. Sempre me arrependi do voto dado, desde Jânio até Aecio Neves. Chegamos ao cúmulo de a única liderança respeitável hoje ser  a de um juiz, o Sérgio Moro. Fato muito triste para o tamanho do Brasil.

- Dentro dessa visão pessimista e real qual seria o perfil desejável de uma nova liderança para nosso futuro próximo?

- Preciso tempo para responder. Mas posso adiantar, nem o Moro tem esse perfil. Precisaria ser lapidado para que o embate político seja democrático e extremamente agressivo. O populismo seria o seu primeiro traço a ser extinto. A seguir as velhas e corrompidas lideranças precisam ser eliminadas. Isso só acontece e o depende de o povo brasileiro acordar para um novo tempo.

- Bem, doutor "Prefiro caminhar entre a alma (ou psique) e o espírito dentro da esperança que existe um Paraíso Celeste, como único objetivo da humanidade". Essas palavras são suas doutor. O eleitor agora está mais preparado para votar?

- Sim. Se me permite passo para você o que penso que o eleitor deve exigir nas próximas eleições de seus candidatos. Veja esse resumo e leve uma cópia do mesmo:


## 8. Frente Democr tica do Eleitor Brasileiro

Objetivo principal do grupo consiste em oferecer a cada programa dos candidatos eletivos o selo de compet ncia pol tica.


As normas b sicas para receberem a honraria depender o:

1. Ter transpar ncias pol tico partid ria.

2. Exercer com patriotismo consistente a Rep blica Brasileira.

3. Ser honesto com todos seus princ pios.

4. Apresentar capacidade de gest o pol tica.

5. Exercer a  tica e Moral condizente com o progresso social.

6. Lutar pela unidade nacional e os valores regionais.

7. Oferecer canais de observaç o de sua vida financeira.

8. Cuidar e se responsabilizar pelo Tesouro Nacional.

9. Julgar com o rigor da lei todos seus pares.

10. Apresentar forte lideranças pol ticas.

11. Respeitar a Constituiç o do Brasil.

12. Respeitar e julgar o Supremo Tribunal Federal.

13. Respeitar e julgar o poder Executivo.

14. Apresentar o programa de seu partido.

15. Apresentar os seus objetivos e metas.

16. Expor seus atos pol ticos aos eleitores..

17. Aceitar o julgamento de seus eleitores.

18. Apresentar os verdadeiros balanços financeiros.

19. Representar projetos discutidos com eleitores.

20. Responder sempre pelos Distritos, Munic pios, Estados do pa s..


- Obrigada! Adorei o texto. Preciso ir. Bom dia.

- Bom dia.

Continuei minhas divagações a respeito de encontrar uma liderança capaz de absorver tanta complexidade nacional e ainda colocar a nação dentre as melhores dos dias de hoje e com a promessa de um futuro digno. Conduzir uma manada de ovelhas desgarradas da pátria e conduzi-las como rebanho patriótico não parece manobra possível. Os protestos são sempre sectários e voltados para sua própria sobrevivência. Poucos se importam com o coletivo e muito menos com a ética. Arraigado aos costumes e as regras nada louváveis, onde a maldade social chega a ser deplorável, encontramos o executivo e legislativos voltados a interesses escusos e o judiciário barganhando benesses pessoais. Parecem mais um triunvirato com poderes iguais. Aparece aos olhos da nação mais a interdependência corporativas entre si, sem as objetivas e as desejáveis independências republicanas. Vejo muitas excessões na fala e mínimas nas ações efetivas. Alguém que possa influenciar a todos e com uma voz reconhecida pelo povo, pelos políticos e pelos juizes. Aplicar como ação prioritária e enérgica no cumprimento do dever e não nos direitos. O dever constitucional é para ser cumprido pela população geral, independente dos direitos adquiridos. Esses devem ficar restrito, ou limitados ao desempenho coletivo e nunca individualizados como vem sendo feito, criando marajás com verbas públicas, deixando como herdeiros os próprios familiares.
O que deveria ser o progresso, incluindo os próprios poderes, passam a ter consequências desastrosas para o país, talvez pela incompetência político administrativa dos detentores do poder. Pergunto como um parente, ocupando um cargo, como herdeiro, sem o preparo que a função exige, possa gerir com bom desempenho? Aumentam o número de profissionais despreparados para a utilização das verbas públicas. Mesmo quando o direcionamento de verbas têm seu destino certo, se perdem em desvios

inconsequentes ou corruptos. Lembro-me de uma máxima em administração, "quando se deixa de aplicar cem ou se subtrai cem, o prejuízo é sempre duzentos".

## 9. A política

- Jorge, sei que sempre atuou em São Paulo ocupou ou disputou quase todos os cargos eletivos. Acredito que entre os políticos que conheço seja um dos maiores estrategistas. Conseguiu permanecer por mais de trinta anos ativo no Estado. Saber o perfil de cada um dos políticos paulistas e dos principais do país. A pergunta é quem tem condições de agregar uma nova e moderna liderança para esses momentos de tamanha crise nacional, sem precedentes, independente da filiação partidária.

- A pergunta é quase impossível de se responder, considerado o grau de incertezas em todos os segmentos da nação. Pensando só em São Paulo a crise está sob controle e ainda passa a visão de esperança como salvaguarda da nação como um todo. Vejo todas as lideranças esgotadas com seu próprio comportamento político inadequado para a população. Essa que sempre espera resultados coletivos e nunca os individualizadas como acontece agora. A preocupação em se manter no poder tornou-se o único objetivo individualista e a meta principal de toda a classe política. O desrespeito ao bem público ultrapassa as barras dos tribunais pela exagerada dose de corrupção. A maioria ainda não foi julgada. A farra foi tamanha que esvaziaram o tesouro nacional a ponto levar os principais líderes a julgamentos judiciais e políticos com perda de cargos ou no mínimo do próprio poder exercido. A maneira como os casos de corrupção são julgados, na maioria das vezes, levantam suspeitas e indignação popular. As provas parecem ser negligenciadas no caminho e chegam alteradas aos juizes. A jurisprudência apresenta penas fracas para crimes de grande monta dos colarinhos brancos. Enfim vivemos no governo momentos de crise dos políticos, do supremo e dos executivos. Nenhum deles reunem lideranças capazes de assumirem as soluções necessárias.
- O que procuramos e idealizar o perfil de um líder, ou mesmos lideranças com condições de assumirem o país?

- Precisamos de um negociador que atenda muitos conflitos, traga ideias sólidas de mudanças e recuperação da economia, dos costumes e da ética. Quando a inflação estava alta, a mudança da parte psicológica do brasileiro foi o fator mais importante da mudança. Quando a população resolveu pesquisar e pechinchar ao extremo, a inflação cedeu, a seguir passou a agredir o comerciante que exageravam no preço. Uma equipe governamental coordenou todo o processo, sem abandonar o objetivo, o que acredito que foi fundamental para se conseguir aquele o êxito. O político precisa ter um bom projeto, mas não basta para ter sucesso precisa convencer a população que o rumo está certo. O mais difícil é fazer a população segui-lo.

- Jorge, a situação atual parece mais grave. Os erros republicanos foram se acumulando na política, no jurídico e no presidencialismo adotado. A nossa República perece que não se completou ainda, falta igualdade democrática, parece que saímos de um feudalismo imperial para outro semelhante, porém político republicano? Como mudar? Que projeto pode entusiasmar o político e o executivo ao mesmo tempo? Como evitar as autofagias entre os poderes? O perigo de uma guinada de esquerda ou direita ditatorial?

- Imaginar o perfil? Podemos apenas pensar no desejável. A melhora democrática é o ponto fundamental. Povo, governo e judiciário uníssonos. A propaganda mentirosa precisa ser desmascarada. A imprensa não pode ter cor, nem dependência política e empresarial. O povo deve determinar e participar da mídia, da Internet e das decisões governamentais. Deve ser convencido pelo líder que assumir qual o melhor caminho a seguir, dentro de metas que tenham sucesso. O insucesso de alguma meta deve ser esclarecida e mudada com a participação social.

- Penso que o sistema político atual já se esgotou. Quando falo com as pessoas ou acompanho grupos da internet com melhor conhecimento político, sem expressões de baixo calão e com respeito às adversidades, noto total descrença nos políticos atuais. As manifestações de rua não estão dando lugar a políticos atuais. Todos estão sendo excluídos da discussão sobre as mudanças que o povo deseja. Há uma dicotomia entre o poder político e o povo em geral. Falam línguas diferentes e já se estabeleceu uma babel entre si. O político está defendendo sua individualidade e permanência no poder. Mesmo assim quando se procura o pensador, utilizando seus próprios neurônios e conhecimentos universais da política não se destaca nenhum. O pensamento em grupo ou coletivo, melhor ainda, ideológico partidário, inexiste no Congresso e no Executivo. A palavra Centrão, não tem significado político de direita, de esquerda e muito menos neutro. Enfim parece uma horda que recebe um temporal de ideias e não se estabelece na zona de estabilidade. Os cérebros falam verborréias do pensamento sem reflexões e sem observação de pesquisas consistentes. As pesquisas de jornal pouco ou nada ajudam a criar uma nova e consistente ideologia.

- Tona, você está me dizendo que falta cultura política aos congressistas atuais. Mesmo os políticos profissionais com várias reeleições não se dignam a estudar a própria matéria político e administrativa que tanto necessitam para se transformarem em estadistas. Por outro lado, faltam as preocupações básicas a esses políticos com a sua principal missão que é governar para o povo. Governam para si, usam seus neurônios para se manterem no poder a qualquer custo, dissociado do eleitor que o colocou lá. Falta total de ideologia e programa partidário. A associação criminosa com as empresas tornou-se fonte da maior corrupção da história da humanidade.

- Posso estar mal informada, mas não tenho conhecimento de nenhum partido ou movimento liderado por alguém pensando em solução estadística, em assumir outra postura, em concentrar o pensamento político e em salvar o Brasil do desastre institucional já estabelecido.

- Tem razão, os partidos multiplicam-se, misturam-se, compram e vendem votos. O Centrão não é ideologia política, mas uma associação falaciosa e interesseira. Há ausência total de patriotismo. Até para votar pelos interesses da nação querem levar algum tipo de vantagem pessoal. A impressão que nos passam é que a população e os seus eleitores pouco importam, demostram o objetivo fixo no dinheiro para financiar a próxima eleição. Compram a eleição e tomam posse de cargo sem assumir seus compromissos com o eleitor. Qualquer negociata que envolva dinheiro para a campanha torna-se mais importante que pensar, estudar e apresentar um excelente projeto. A corrupção começa assim, e exige grandes propinas dos prestadores de serviços governamentais.

- Precisaremos de um líder ou um grupo de líderes?

- Boa pergunta. Talvez um grupo consciente com espírito congregado em estudar, encontrar soluções técnicas, envolver a mídia e a internet, começando sem disputas pessoais ou partidárias. O plano ousado deve por a casa em ordem e preparar o projeto futuro do Brasil. Como envolver os atuais políticos? Penso que será preciso de muita ajuda do judiciário. Precisa encontrar soluções judiciárias com regras mais claras para o Supremo, aprová-las, principalmente contra as atuais regalias existentes. Se o futuro presidente da Republica e os líderes dos Congresso e Senado adotarem as ideias desse grupo. É um desfio que pode funcionar.

- Dentro do presidencialismo atual ou seria melhor com um primeiro ministro?

- Como ainda não encontramos o único líder capaz de assumis, o parlamentarismo parece ser boa hipótese.

O desembargador

- A situação atual deixa o judiciário vulnerável, pela tendência do congresso se defender das ações dos juízes federais, Meritíssimo?

- A demanda judicial tomou novas rumos com o Mensalão e a Lava-jatos. Alcançamos a sociedade como um todo ao julgar os principais políticos e empresários do Brasil. Foi de grande valia processá-los e sentenciá-los por corrupção ou lavagem de dinheiro. Falta ainda a má administração ou seja a uso indevido de verbas políticas a serem melhor definidos. Mesmo sem cometer ilícitos penais o gestor tem obrigações e responsabilidades a serem respeitadas nos projetos a serem executados. Faltam regras claras e pesquisas científicas comportamentais para o próprio judiciário chegar ao ponto de equilíbrio humano e social? Talvez essa seja a pergunta que devemos fazer e realizar em ações. O novo conceito que pode quebrar tabus da jurisprudência com pesquisas sobre os valores universais, levando em considera os conhecimentos comportamentais humanos. Necessitamos mais varas especializadas e com juízes treinados e reciclados. As pequenas causas e dúvidas devem ser solucionadas por juízes de plantão, não aceitação de lides sem as provas efetivas. Precisamos nos aprimorar  dentro de novo sistema que puna o advogado ou jurista que praticam o charlatanismo processual ( o vê se passa ). Com a cibernética, o corta cola se tornou a forma mais lamentável das ações judiciais. Sem pensar no individual e no específico aparecem nos processos qualquer texto jogado como justificativa de uma inicial inconsistente. Infelizmente aceita pelo juiz, justificando um direito de gastar o dinheiro público sem a contrapartida do dever de pré avaliação. Acredito que todos os desembargadores convivem com esse baixo nível advocatício e judicial. A pesquisa das condições do judiciário, vinculado às leis do Congresso não evoluíram em termos metodológico durante toda a República. O quanto o judiciário gasta para promover a justiça no Brasil não apresenta o retorno desejável? Pelo que analiso pela internet encontro o resultado negativo.

- O que o político necessita em seu perfil para corrigir tanta falha?

- Penso que deve encomendar uma pesquisa e conseguir o apoio de juristas e passar novas regras da aplicação das leis pelo Congresso.

- Alguns trabalhos já existem nas Universidades, poderiam atualizar os dados? Divulgá-los? Consultar a população e principalmente os políticos antes de apresentá-los como projetos de mudança.

- Sempre haverá resistências corporativas. O político deve superá-las com seu talento e conseguir mudar o atual Congresso sempre com a ajuda popular para o melhor relacionamento com seus eleitores e sua região. A aproximação com o eleitor afasta-os da necessidade de serem financiados por empresas, ou seja, entidades jurídicas que os controlam e não a pessoa física. O custo de sua eleição fica mais palatável e sua independência política aumente.

- Agradeço as sugestões voltaremos ao assunto.

O empresário ideal

- Olá Dr. Villard, há quanto tempo não o vejo. Parece muito bem de saúde?

- Sem duvidas querida, sabe que nunca precisei de tratamento físico ou psíquico. Melhor que eu, senão já a teria procurado para me ajudar.

- Pelo seu sempre bom senso político o que espera de um novo líder para reorganizar a crise financeira atual, o judiciário e a desordem da política desvinculada do cidadão?

- É como vejo na mídia, na internet e dentro das empresas. A área da construção mexe com todos os segmentos da sociedade. Os construtores são dos segmentos empresariais o que melhor refletem a vida de qualquer nação. O ambiente da vida humana depende de nossos serviços para crescer e até para estacionar. Tudo que acontece na nação sempre nos atinge de algum modo. As maiores das corrupções do mundo acontecem nas empresas de construção. Acaba de acontecer no Brasil. Das torres de babel, das pirâmides do Egito e entre todas as grandes construções da humanidade encontram-se sinais de irregularidades. A corrupção governamental começa com a autorização executiva e seus fiscais em pequena obras. Chega aos dirigentes empresariais nas grandes construções. Atingem o poder político central nas macro-construções. É inevitável que o empresário de sucesso aceite as condições, o que pode transformá-lo no grande parceiro das propinas dentro o sistema de poder de qualquer nação. É o único que pratica a verdadeira política neutra, pouco se importando com as ideologia de direita, centro ou esquerda. Todas agem do mesmo modo diante do poder. Todas se destroem como vítimas da sua própria corrupção, dependendo da avidez que se lançam sobre os cofres públicos. Às vezes, a corrupção é religiosa como no antigo Egito, às vezes do número de filhos como o Rei Salomão outras vezes tentando reunir um extenso império como os Romanos. Coisas semelhantes aconteceram com os impérios asiático e europeus. A história recente mostra a União Soviética e Hitler destruídos pela ambição corrupta e da desmedida autoridade sobre seus próprios recursos humanos. O excesso de poder acabou levando-os ao interesse pelas conquistas sangrentas e a construção de um grande domínio sobre a Terra. Todos foram derrotados tentando construir grandes espaços físicos para ocuparem como centro do poder. O melhor exemplo é a muralha chinesa que se perdeu para o avanço da tecnologia. As construções são temporárias e nunca eternas e sempre causaram prejuízos presentes, a médio prazo e futuros mesmo se forem otimizadas. Sobram Muros de Lamentação, construídos com o suor de muitos, mortes e o enriquecimento ilícitos de poucos.

- A pergunta é como um líder atual poderia agir, diante dessas lições para a construção de bases sólidas, evoluindo as desejáveis e as inevitáveis reformas da Constituição de um país como o Brasil? Se lamentamos um passado, onde milhões de anos constituíram -se de corrupção contra o homem, agora estamos no projeto final desse nosso pequeno globo azul do Universo com seu excesso de seres humanos. A maior responsabilidade dos construtores do futuro, é que, não temos mais para onde fugir dos déspotas, assassinos e corruptos das nações.

- Construir tornou um problema sério até para a preservação da espécie humana. Essa foi uma das razões que abandonei os últimos governos, senti que estava destruindo o habitat humano sem volta, deixando em seu lugar a maior destruição prevista para seus equilíbrios vitais. O governo corrupto destrói o meio ambiente de forma desastrosa. A meta é apenas obter propinas de empreiteiras sem qualquer pudor, ética ou mesmo regras a serem obedecidas. Vejo agora a ocorrência de um desastre sobre-humano causado pelo próprio homem envaidecido pelo poder financeiro, contrastando com o poder do desenvolvimento pessoal. O povo, o eleitor e o social estão totalmente dissociados do político. O judiciário não apresenta senso social. As decisões dos juízes ficam no sistema sem resolução por simples que sejam. As instâncias encarecem, tardam e muitas vezes prescrevem crimes importantes ao folhear outros processos inconsistentes. Os congressistas que deveriam sanar as deficiências e erros da lei, são os que mais querem essa confusão, o que permite agirem de modo ilícito, sem serem condenados.

- O líder ideal pela sua visão teria que sobreviver ao Judiciário, ao Congresso e ao Senado, o que lhe parece impossível no sistema político atual?

- Basicamente encontrará um Congresso sombrio, sem ideologia, sem convicção social e capaz de destruir todas as estatais e o próprio tesouro nacional, usando seu poder de voto como objeto de venda.

- E a esperança aonde se encontra?

- No povo na rua e em líderes fora desse esquema atual, onde todos são culpados.

- Sorte para o Brasil é o que desejamos, principalmente para os bons empresários.
- Infelizmente, até as empresas de transportes estão envolvidas, formam lobbies e são capazes de forma corporativa parar o país. Os empresário podem até provocar um locaute, obrigando o governo seguir suas pautas de lucros extorsivos. As montadoras de veículos e as frotas levam as maiores vantagens de incentivos governamentais. Trem e o barco não interessam aos nossos planejadores. A preferência irrealista do caminhão na estrada atrasa nosso desenvolvimento interno e comércio exterior.

- Ainda temos o país e a República para desenvolver?

- Sem duvida, temos bons políticos aceitando a situação atual para ser manter, mas acredito que esperam o apoio do povo para que possam mudar a situação. O Brasil encontra-se acéfalo com o Congresso inoperante. O Executivo e o Judiciário perdidos em gestões politiqueiras e cumprimento de Leis defasadas. Sou otimista quanto à novas lideranças sem os vícios das atuais.

- Tomara. Preciso trabalhar foi um prazer encontrá-lo.

- Vá com seu querido Deus bem acompanhada.

O comunista do MSTS

- Alô professor Miklos, há quanto tempo não nos encontramos. Ainda leciona filosofia da história? Na sua vida política ainda é atuante de esquerda? Quais são seus projetos depois da queda de tantos líderes de todos os partidos?

- Tona, é sempre uma alegria vê-la. Continuo aceitando-a no meu PC - MST. Suas ideias são desenvolvimentistas e democráticas.

- Obrigada, gosto apenas de segui-lo no face e dar minhas modestas opiniões. Sabe que não me filio mais a nenhum partido, mas estudo todos.

- Como as esperanças nos perseguem, ainda estamos mantendo vivo, preso em um aquário salgado o nosso líder. Lula-lá nos deixa o vazio de uma forte liderança que se esvai. Foi vítima do sistema político brasileiro esgotado. Continuamos sem expectativa de mudança da gestão política ou judicial. A direita continua seu domínio, aumentando a concentração de suas riquezas, como vimos recentemente de maneira ilícita, como corruptores dos políticos.

- Miklos, como vê o eleitor brasileiro atual. Acha que evoluiu ou mantém o mesmos traços centenário da República? A internet melhorou ou a comunicação com o poder ou apenas mostra a incompetência de entender o que se passa? Vejo na redes sociais que a grande maioria se expressa em palavrões ou com críticas improcedentes. Lembra mais um boi de corte para algum político do que se tratar de cidadão ativo e bem informado.

- Veja como os partidos de esquerda precisam se expressar para atingir seus objetivos de permanência no poder. Como socialista sinto que estamos ainda na era Lenin. Só somos ouvidos quando nosso discurso é extremista e com expressões agravantes contra os poderosos e mais ricos. Desejam mais um novo Stálin do que um Putin. Do mesmo modo a direita quer a volta da ditadura militar, criando-se polos opostos. Acredito como professor de filosofia da história que a maioria não aceita mais esses conceitos das minorias extremistas. As  ideias sociais hoje exigem a democracia, a livre manifestação e maior controle do estado sobre as suas empresas e que as particulares cumpram compromissos socialistas. O estado deve participar efetivamente na gestão de todo tipo de empresa ou prestações de serviços.

- Parece quase impossível um país progredir nesse clima. O que parece idealismo socialista quase sempre acaba em desastre financeiro e se envolve em muita corrupção. Como pretende corrigir esses erros humanos em qualquer sistema político?

- A gestão é sempre problemática em todos os países independente da opção política. Todos os regimes tem pontos certo e pontos errados, a porcentagem final é que interessa. Como só o socialismo realmente procura a igualdade de direitos entre todos e reprime a exploração individual do homem sobre o homem, no final a classe excluída da sociedade acaba recebendo benefícios.

- Professor, o que acaba de dizer significa que é boa uma sociedade pobre, sem competitividade. Viver juntos sem classes sociais. O comunismo da igualdade humana. A psicologia e a psiquiatria não aprovam essa teoria, somos todos diferentes e temos a nossa própria individualidade. Como agir politicamente no complexo ser humano.

- Pergunta cientificamente inteligente. Apesar das características individuais, o homem desde o seu aparecimento no mundo sobreviveu em sociedade. As primitivas se entusiasmaram-se com a Torre de Babel. Mesmo falando línguas diferentes juntaram-se na construção de torres cada vez mais alta, a provável formação das cidades, um largo e algum templo alto no centro. Cada indivíduo usando seus dotes específicos construíram em comunidade milhares de cidades. O caminho do socialismo atual democrático é a reunião de todos os valores individuais em único projeto coletivo que é a produtividade, a educação, o progresso, o desenvolvimento, a defesa, a ordem, a saúde de todos.

- Qual seria o diferencial em relação a maioria dos pais que dão liberdade de ação e são os mais ricos do mundo?

- A riqueza e estágio que adquiriram foi de anos de exploração de outras nações roubando-lhes o progresso. Assim surgiram em milênios a Europa e os Estados Unidos. Os impérios dos mais fortes. O que o socialismo atual presente deseja é a estruturação do próprio país de modo universal, sem exploração de outros povos, mas auto sustentável, justo e igualitário. O objetivo é conseguir um povo feliz, honesto, imitado e respeitado pela comunidade internacional. O primeiro país do Munda que está caminhando para esse estágio ideal é a China. Já tem pequenos países a imitando.

- Como fica a Rússia nesse seu novo conceito?

- A Rússia sofreu o retrocesso do fim da União Soviética, queda do Muro de Berlin. Avalio seu projeto atual, como mais avançado. A sua inserção na União Europeia já mostra outros resultados. Os países que não se uniram tiveram um excelente desenvolvimento. Conseguiram a liberdade socialista diferente da liberdade individualista da união europeia. Acredito que o país ainda tem muito que ensinar ao mundo. Acredito que o Putin vai encontrar como objetivo atual a reintegração dos valores socialistas comunitários.

- Na prática não vejo assim. O Putin já estabeleceu uma ditadura governamental antidemocrática.

- Há momentos em que se precisa pulso forte para o país não cair em ilusões factoides e perder as suas metas estruturais desenvolvimentistas do povo. Acredito que essa é a maneira de reagir do povo Russo que historicamente assume que deseja o regime mais forte.

- Desde os Tzares está acostumado à opressão? Bom dia.

- Gostei da conversa, voltaremos a falar sobre o povo russo com mais tempo.

- O chinês também, não ficou claro o que pensa da nova ditadura estabelecida. Bom dia professor.


## 10. Reflexões de Tona

Acompanhei pela internet a política e principalmente a reação dos internautas diante dos assuntos políticos. Rodei os canais de TV vendo notícias, comentários, religião, greves, assuntos diversos. Queria encontrar algo positivo que servisse para divagação a respeito da crise institucional que estamos passando. Quanto seu tamanho influência na normalidade do sistema de vida e na comunicação pela mídia. Queria entender se a população está interessado nas mudanças necessárias para modernização do país. O grande número de religiosos que aparecem, não apresentam qualquer referência aos problemas sociais atuais. Limitam-se a ler versículos e parábolas sem qualquer relação com os nossos momentos vividos. Empanam a história antiga e expõem a atual com propósitos de colocar panos quentes e ignorância aos nossos conflitos existentes. Basta rezar e pedir perdão pelos nossos pecados ou omissões contra nossos familiares e próximos. Parecem felizes com os perdões e as isenções de impostos que o governo oferece e pouco preocupados com a corrupção, desmandos e isolamento social.
A internet quando se expõe um assunto sério, é melhor não ler os palavrões e impropério escritos pela maioria dos internautas. Em resumo, vejo o brasileiro afastado da sua realidade, do mundo real e virtual. Aparece exageros linguisticos até no virtual que se propõe a escrever. Parece mais o dedo falando sem se preocupar com a integridade dos pensamentos gravados no cérebro. Aprenderam a não usar as correlações cerebrais através das ligações neuronais para avaliar suas expressões léxicas. Se permitem a descrever o que não se pensa e nem deve falar. O politicamente correto, sem uma definição do que realmente seja, aparece na tona da mediocridade de conceitos criados sem bases científicas ou práticas. Transgridem palavras ou acompanham citações de quem usou o termo no sentido indesejado capazes de perturbar o ser humano, mas falta a consciência de que está agindo de maneira imprópria. A falta de cultura se alia a nossa educação deficiente na escola e em casa. As palavras impróprias, rancorosas, esculachadas, pervertidas, mal compreendidas de um vocabulário pernóstico são grafadas sem o menor bom senso que se espera de um cidadão. Em geral, lembram a patologia regressiva de volta a fase anal da criança. O prazer em esvaziar os intestinos. Qual a solução? Educação e melhora da cultura, bem antes de frequentar a psicologia, senão nada adianta. O adulto que adquire a personalidade deformada não muda mais.

Sou religiosa. Frequento a igreja católica. Acredito em Deus como o Criador da humanidade. Como Pai vem acompanhando a nossa evolução na Terra por milhões de anos gregorianos. Sempre nos ofereceu oportunidade de sobrevivência, para tanto fomos dotados do cérebro mais evoluído da vida animal que pertencemos. Deu-nos a psique ou alma. Mandou muitos profetas e religiosos, os quais, nos prometem que nos transformaremos em espírito para alcançar junto ao Criador o Paraíso Celeste. Como Deus desconhecido pelos seres humanos, enviou um filho através de uma mulher Maria. Há dois mil anos este Filho de Deus revolucionou o Mundo. O Filho do Homem, gerado pelo Criador no corpo de Maria mulher mostrou a nossa semelhança física com Deus. Esse Homem nos deu a esperança de outra vida eterna em espírito. Há muito mistério em tudo, mas deixou claro que a salvação está no amor ao próximo. Maria é o símbolo dessa ligação entre Deus e  humanidade. Nela a história tem fundamentos místico da existência de Deus se comunicando com os homens, ou seja, permite alguma referência que nos permite conhecer muito do Deus Desconhecido, através de seu Filho Deus, Jesus de Nazareno. Maria representa a liberdade e igualdade do entre o homem e a mulher. Muitas religiões ainda combatem esse conceito, dizem que Jesus é apenas o Filho-do-Homem, procuram continuar secundar a mulher, com ser inferior. Como psicóloga faço esse diagnóstico em muita famílias, a complexidade presente nos casos muitas vezes levam a desfechos fatais  com separações traumáticas e vinganças físicas. A própria justiça humana não tem solução adequada para esse comportamento social e religioso inadequado para o convívio em comunidade humana.

O meu sonho místico encontra Maria no Paraíso acompanhada de uma jovem, ainda menina a quem ela chama de minha filha. Fica o mistério, mas a mensagem que percebo é que essa filha foi gerada com a santidade divina e o poder que pode transformar todas as mulheres em fonte de amor divino. Filha de Maria gerada no pleno do amor do Divino. Por mais que tento fugir dessa mística, a mesma me acompanha na profissão, no casamento, nos filhos, entre amigos como realidade da minha vida. Existe como a ideia libertadora de todos os seres humanos em amor na Terra e esperança no Paraíso Divino.

Assim caminha o Brasil

Na minha visão, vejo na mulher brasileira muito conflito e soluções pendentes de mudança de seu comportamento.
Pendência cultural,  no ensino que deixa muito a desejar e na média da educação falta a excelência em ensino escolar. O computador melhorou muito a sua informação, mas a escola não complementa com a eficiência desejável a sua formação.
O comportamento está mesclado de conservadorismo e destempero no novo desempenho que possa ser alcançado. Os direitos e a liberdade avançam a passos largos, mas os deveres e limites já as expõem a fortes exigências sociais familiares. Há muito que superar. A vida real sempre foi mais complexa para a mulher. Há exigências históricas de sua atuação na família, onde simboliza a vida dos filhos. A ligação psicológica é tão intensa que pode construir ou destruir os próprios filhos. Conclusão não se pode abandonar a maternidade, portanto, a solução depende desse fator biológico.
O compromisso que a mulher contemporânea assumiu vai além da família. O equilíbrio social depende da sua compreensão, principalmente por estar em pleno desenvolvimento a super população mundial. O controle populacional só será possível se a mulher oferecer ao tema a sua efetiva importância. A invasão estrangeira ocorre entre países onde em um deles as mulheres ainda não têm a consciência de quantos filhos podem gerar. Sem planejamento familiar e conhecimentos políticos alguns países perdem a condição de sobrevivência, o que faz parte de sua população deixar seu pais de modo traumático. Em geral, dirigem para onde as mulheres participam da gestão do seu país, limitando e educando seus filhos. O imigrante é recebido com as devidas preocupações, aparecem conflitos de interesses graves e a contemporânea disputa pelos espaços humanos já ocupados. O Brasil esta entre os países que já liberaram suas mulheres para as novas gerações assumirem em igualdade com os homens, o que aumenta ainda mais as suas responsabilidadesfemininas.  O objetivo pretendido pelos estudiosos populacionais globalizados seria o casal com o único filho. A mulher deve assumir esta missão?
A mulher hoje é participe integral da sociedade humana, com igualdade de condições com o sexo oposto. Aqui não se trata de feminismos ou machismo como até agora foi pensado. As próprias políticas baseadas em direitismo centralismo e esquerdismo já perderam os seus valores pela sua própria inoperância. O neutro com discernimento para onde caminham todas estas tendências humanas pode levar as melhores soluções para a

mulher no futuro próximo. Todos emitem muitas ideias, mas qual delas pode realmente preencher os anseios da média das mulheres. Como se devem comportar as que até hoje já se liberaram do conceito dominante machista? Precisa-se começar criando uma nova e equilibrada sociedade global, mesmo com as resistências políticas, religiosas e terroristas. Qual conceito deve permanecer para a constituição da nova família? Quais valores devem ser mais consistentes que os anteriores para que a nova seja célula constituída prospere sobre base sólida em uma nação? São temas a serem solucionados com objetivos bem reais e através de metas para a evolução e felicidade humana.

Como cristã, crente em Maria, filósofa de formação e estudando a comunicação humana acredito que algo muito efetivo precisa ser realizado por minha geração. A exemplo da própria família de Maria, gerou o único filho já há dois mil anos. Seria naquele momento o recado para o Mundo que a sua população estava se excedendo. Quem sabe extrapolando os desígnios do próprio Deus que os criou? Até aonde prosperará a ideia poética franciscana de que o Senhor de tudo nos proverá. A realidade mostra-nos que muitos seres humanos já estão em total abandono. Faltam provisões, o Universo ainda é um desconhecido e longo caminho para nos acolher. Nosso crescimento moderno aumenta a poluição, diminuiu a vida animal e compromete a vegetal. Além do controle populacional consciente e planejado os cientistas ou muitos religiosos não encontram outra saída. Atualmente os métodos de concepção são seguros e permitem o planejamento familiar sem sacrifícios humanos.

O homem já ocupou toda a Terra, agora falta o planejamento futuro de como todos deverão ocupá-la com as responsabilidades, os direitos, os deveres, o humanismo, o amor e a paz necessários para expandir com cautela ainda dentro da sua existência.


O supérfluo do Brasil

O presidencialismo, o Senado, o Supremo atuais são poderes dispensáveis. Desde sua formação esses poderes nunca viabilizaram a verdadeira República do Brasil. A democracia prometida fica mais na leniência dos atos praticados do que sem exigência da prática da cidadania. A liberdade oferecida nem sempre é acompanhada do dever e da responsabilidade social assumida. O poder político e o que mais subverte a ordem. O presidente e vice-presidente apresentam os poderes Executivo e Judiciário dependentes do Congresso e do Senado para realizar suas ações. O sistema impede a independência dos quatro. O judiciário e indicado pelo presidente e aprovado pelo congresso. O Congresso dita as Leis, mas não possui uma Constituinte básica, estão sempre modificando e sem estudos técnicos prévios ou consulta popular através de um plebiscito. Procuram proteger os partidos e reelege-se indefinidamente, mesmo sem os votos. Medidas provisórias sem medidas constitucionais, ou seja, atos sem o aval do Congresso, que apenas cobra para votar, sem consultar seus eleitores. Os prejuízos para a nação e para a população geral somam-se aos trilhões. Em todos soa-nos a República do nunca existiu, sem o verdadeiro diálogo e projetos governamentais com objetivos de produtividade para todos os setores da sociedade Abandonam em causa própria a educação, a saúde e a produtividade. Os programas sociais são meras esmolas ou compra de votos com ares de bondade e não de desenvolvimento individual, com meta profissional. Alguns setores protegidos sempre foram motivo de corrupção ou propinas a favor do sistema político consolidado. O Supremo sempre deixando caducar os poucos processo e analisando apenas os processos de primeira e segunda instâncias de forma burocrática sem poder de requerer novas provas. Salários de marajás e pesadas propinas tomou conta de todo o sistema brasileiro de gestão. Municípios, Estados e Capital Brasília entraram no mesmo esquema de gestão caríssima, improdutiva e corrupta. O povo dissociado sem participação efetiva.

A falta de planejamento é quase total. As previsões de orçamento além de supérfluas apresentam falta de consistência. O supérfluo chega a ser ridículo nesses casos. As maiores preocupações dos políticos são com as propinas, sempre a idealizarem algum tipo de corrupção. As próximas eleições precisam estar financeiramente garantidas e não há necessidade de nenhum projeto ou estudo sobre as reais condições do Estado ou do comercio exterior. Preferem fazer emendas para lobbies do que ouvir os apelos da população. Acovardam-se diante do desejo de satisfazerem suas próprias finanças em detrimento de um pedido popular com mudanças mudanças progressistas. Quando não levam vantagens pessoais, não aprovam nada, mesmo que tenha importância coletiva. Basta a promessa de um empresário corruptor lhes oferecerem o retorno ao poder político para que tenha direito a todas as benesses do tesouro nacional, através de seus bancos oficiais. Uma conta simples nos faz pensar o quanto a nação está perdendo. Para cada milhão de dólares desviados é necessário produzir três milhões. Quando projectamos no tempo está perda pode os calcular que os desvio supérfluos superam em poucos anos o produto interno bruto de uma nação. Paraísos fiscais e estados totalitários ficam com essas quantias estacionárias, na muitas das vezes financiando o tráfico, os movimentos terroristas ou os estados em guerras.

Em resumo, o supérfluo no Brasil contabiliza mais que o desenvolvimento humano necessário para se estabelecer como nação desenvolvida no contexto mundial. As construções de mega obras com objetivo de alcançarem esse desenvolvimento não encontram as honestidades política e jurídica sustentáveis. O desvio pelas propinas e corrupções ultrapassam os trilhões se dólares. O povo continua sem educação e saúde. O governo ensina direitos, amplia direitos, não ensina e nem amplia deveres. Os partidos e políticos não cumpre seus papéis fiscalizadores. A justiça fecha os olhos ao deveres e se prende às intermináveis interpretação das leis, sem respeito às jurisprudências. Aplicar a lei política  sem se ater aos objetivos sociais, educativos necessários para melhor compreensão do eleitor, o leva a escolhas ilusórias de candidatos. Torna a justiça eleitoral o tipo de poder burocratizado, caro e ineficiente para os fins que se destina. A resolução de pequenas causas, na justiça atual, já na inicial de um processo perde-se sem um estudo diagnóstico, sem regras claras, com ausência de jurisprudência específica e mais uma vez se verifica direitos sem deveres.

Os deveres do cidadão comum ou dos funcionários investidos de poder não é bem definido e nunca são cobrados, essa é a principal causa do supérfluo do Brasil a qual impede seu desenvolvimento satisfatório. Tomam posse do poder quando deveriam assumi-lo e serem responsabilizados pelásseis atos.

## 11. Encontro com amigos

O delegado federal

- Tona, como está, ainda faz palestras às policiais. Há quanto tempo não nos falamos?
- Faz tempo, mas as lembranças não se apagam em nossos neurônios cerebrais.
- Tem feito algum treinamento especial ou está mais na Clinica.
- Com a crise governamental, só funciona o consultório. Parece que vocês estão puxando o fio do novelo enorme de denúncias das organizações criminosas políticas, empresariais e do tráfico internacional. Como vão os cursos técnicos para a conduta policial?
- Sempre alguma novidade, principalmente em São Paulo. Curitiba continua agindo e o novelo político já se tornou gigantesco. A inteligência preventiva está evoluindo bem

por aqui, no Rio ainda é caso de polícia. Há falta de recursos para tudo, mas estamos trabalhando nos limites.

- Para onde estamos indo? A pergunta que não cala o Supremo tem condições de atuar nos casos de tantos políticos e empresas os envolvendo?

- A complexidade é enorme. Depende de denúncias consistentes e de fragrantes. A acusação falha em pontos importantes. A PGR -Procuradoria Geral da República age sem uma pesquisa de consistência de provas e apresenta denúncia. Ainda não se tem grande experiência com a delação premiada. Às vezes, a ação se precipita porque está vinculada à política partidária, torna-se emocional, provas insuficientes, despreparo policial e no casamento entre informações. Assim está nosso universo.

- O caso Maluf, julgado com tanto atraso que a sentença só chegou nele porque tem vida longa.

- Boa sugestão. Porque demorar tanto? Não vejo razão. Mas esse é o maior desafio da justiça brasileira, adquirir sua total independência como poder. As coisas caminham lenta, mas a participação popular está levando a acreditar que nossa República se transforme. O poder executivo está pior posicionado, hoje parece ser o refém do Congresso.

- Parece ser esse o maior desafio da nação brasileira. A torre de babel da nossa política foi sempre alimentada por ações políticas divergentes do povo que a sustenta. A lei tem aplicações diferenciadas conforme a escala de poder individual. Quem é ético e comedido o tempo todo sem deixar de ser técnico?

- Entre nós policiais percebo que esta tendência já se formou na maioria dos delegados. Os juízes federais começam a ser avaliados pela sua consistência e não pelo seu aparecimento na mídia. Cada vez mais condenamos os próprios colegas a seguirem as regras com a ajuda de juízes que os condenam, mas que lhes dão oportunidade de retorno. Voltam bem mais experientes.

- Dr. como traçar uma linha, ou um programa que transforme o comportamento da maioria dos nossos servidores. Tem uma visão de como treinar, readaptar a honestidade consciente que o governo tanto necessita. Pensar que seria para melhorar a sua própria subsistência, conservar e tornar produtivo para si o nosso tesouro nacional?

- Depende da sensibilidade do eleitor brasileiro e de mudanças na República. Os três poderes precisam ser urgentemente revistos quanto aos seus comportamentos desde a sua Proclamação. O que escondem e mentem para a população precisa se tornar mais transparente. Poucos são os segredos de estado que não se deve revelar no momento os demais atos precisam ser publicados e discutidos. O que se publica, só porque vazou, se torna ato ilícito para todos os setores sociais. O que dá muito certo é conseguir as provas e anunciar oficialmente o processo. A mala do dinheiro ilícito tem sempre um corruptor e um corrupto, mas não adianta prender o carregador, precisamos segui-lo, aí o chefe aparece.

- Então o poder de polícia pode ser efetivo, como vem acontecendo. A prisão ocorreu, mesmo com todos os cuidados e manobras defensivas dos políticos corruptos. Parece que o sistema montado até hoje é recorrente. Há muita semelhança com as capitanias hereditárias. Políticos acumulam propinas até para seus sucessores parentes ou não. Por trás dos partidos verifica-se a existência de o que podemos chamar de partido da união dos políticos corruptos. Parece haver complacência em muitos elementos do tanto no executivo, como judiciário e no e próprio exército. O envolvimento com drogas e lavagem de dinheiro atingem até alguns setores de sociedade que deviam combatê-los como as religiões, a advocacia, a medicina, o comércio e outros.

- Como psicóloga você está descrevendo o mal comportamento de setores importantes da nação. Quando a direção se comporta mal, a tendência é atingir a sociedade como um todo. Quando os líderes se comportam dentro do rigor da lei e o judiciário volta-se para a sociedade, começam a eliminar as causas de pequena monta, em pouco tempo acontece a transformação.

- Gostei da última sugestão. Parece que como sempre toca nos pontos mais importantes das nossas mazelas. Até outro dia, voltaremos a conversar.

- Tenha um bom dia.

A reflexão de um poder delegado a ser exercido sobre a sociedade reflete boa parte do comportamento típico de uma nação. Os porquês são sempre os mesmos a causa do roubo, da prisão e do assassinato. A causa social é quase sempre ignorada. A falha real não aparece nas notícias. A massa física do problema fica muito bem esclarecida, a energia comportamental perde-se em acomodações pela soluções legais ou jurídica em longos processos burocráticos. A justiça desvinculada dos resultados, mantém o réu solto, mesmo no final recebendo uma sentença severa, fica a sensato de impunidade. O comportamento onde vale a pena roubar, brigar, não pagar, dar um golpe, furar a fila, dirigir embriagado, dar propinas, mentir, fofocar, ser obsceno e outras pequenas ilicitudes. A justiça do atacado não parece ter um bom retorno como a individualizada e rápida. A polícia precisa adquirir e e exigir eficiência até do judiciário. As causas inconsistentes precisam ser barradas pelo delegado e pelo juiz. O advogado e seu cliente quando erram devem pagar as custas e ter seu o processo anulado. O juiz precisa exigir na inicial as provas anexadas. Deve ser exigido das partes o acordo a cada juntada de provas e contra provas. Perdeu paga a causa, se for gratuita o judiciário assume os gastos.
O foro privilegiado deve ser extinto em definitivo. Até o Presidente da República poderá ser acionado, só que será através do Supremo. O crime político acontece no município e quem deve julga-lo é o juiz local, com prioridade durante a gestão e se necessário o afastamento imediato.
O administrativo deve se obrigar a consultar a população sobre qualquer gasto que supere os valores arrecadados. Nenhuma obra pode parar e se iniciar outra sem terminar a primeira, mesmo que o município apresente condições para as duas. Para essas regras não se precisa alterar a Constituição, já são direitos do povo que elege ou contrata fiscalizá-los.

General ou melhor nosso amigo "Coronel"

- Como vai ? Como chamá-lo agora de  General pode confundir com o do samba, que bom vê-lo Coronel.

- Você lembra que antes de ser militar era meu apelido, sabe que ainda gosto dele Tona.

- O meu apelido já o adotei. Nem me lembro de quem me chamava pelo nome. Conte sobre sua vida, o que está fazendo o meu General Coronel, ficou bem?

- Quando vem de uma psicóloga pensante é sempre honroso.

- O pensamento do exército hoje é pela ordem e progresso da nação. Os militares estão parabenizados pelo seus comportamentos nessa crise. Os poderes estão se conduzindo para o respeito à Constituição, o que importa para construirmos uma nação livre e democrática. A intervenção militar na nação pede ser fala de alguns, mas são convidados a esquecerem essa ideia antidemocrática na caserna. Falta ao brasileiro ainda o patriotismo que reconheço na escola militar. Acredito que a força militar ou dos heróis vivos de luta pela liberdade não apresentam na maioria das vezes condições de gestão administrativa e compreensão do sistema da justiça aplicada por juízes. A gestão de um país, vai muito além do uso de forças físicas, como acredita psicologia humana  de alguns. A administração é complexa, não se trata de dar ordens, mas de ser obedecido, o comportamento pode ser de revolta e oposição. A população precisa ser estimulada e premiada com gestão favorável aos seus anseios. Valorização da pessoa precisa ser realizada sem mentiras oficiais e sem perseguições aos opositores. Convencer, não pode ser exigir. A única exigência é o dever patriótico de obedecer a nossa Constituição. O Senado brasileiro nunca existiu como defensor, mas apresenta dicotomia entre o povo, o Executivo e dentro do próprio Congresso. Falta consistência política e até a seleção dos membros com capacidade intelectual para ocupá-lo. Como a função de escolher o candidato é competência dos partidos. Os escolhidos em geral apresentam falta total de ideologias ou programas que realmente protejam o povo das agressões dos demais poderes. Hoje quaisquer parente, semianalfabetos ou amigos dos senadores podem assumir o cargo vago. Onde se deveria cumprir a Constituição com o rigor de sua ética e regras, encontramos incompetência, propinas e corrupção da maioria de seus membros. Conclusão: deve ser extinto por plebicito, repensado como um novo Senado ou absolvido por um Congresso só de deputados. O nosso Senado nunca cumpriu sua missão republicana. Outra sugestão seria criar cerca de 40 senadores sendo metade políticos de renome e metade por juristas, ambos com notório saber, sem vice. Os três poderes ficariam sujeitos a seu aval.

- Dra. sempre é bom ouvir esses conselhos. Lembrar que cuidamos da segurança de recursos humanos de uma nação. Temos que estimular e garantir a produtividade em benefício próprio. Todo regime político que não conseguiu ser produtivo criou pobreza, revolta e até guerra civil. O nosso soldo depende de uma gestão eficiente e honesta. Quem rouba seu país cria fome e revolta. O exército tem que dar força para que a justiça condene os culpados e até os seus próprios membros. A democracia prevê justiça igual para todos, apesar dos erros atuais, está bem melhor que no início da República, precisa melhorar a participação dos políticos atuais. Vejo ainda nosso congresso voltado para dentro, com foro privilegiado e não olhando para o povo. O poder jurídico esta mudando e sem encobrir a verdade facilitando o povo a dar opinião através da internet. Parece bom para o Brasil.

- Atualmente estou idealizando o perfil filosófico desejável para o novo dirigente da nação para as próximas eleições. Muito do que estamos falando tem a ver com o que penso que poderia dar certo.

- Em resumo, só a força do exército ou de heróis combativos pela liberdade de uma nação não se constituem em perfil filosófico efetivo para a gestão eficaz da nação.

- Boa frase, até breve.

O guarda da rua

- A Sra. viu só quanto dinheiro abafado? Aqui a gente conta os centavos pra viver, lá o político afana milhões. Era tanto dinheiro em malas que até os vizinhos desconfiaram. O rádio só fala nisso o dia inteiro. Bem já vem falando coisa menor há quase dez anos. Agora o negócio foi longe demais.

- Conheço o Sr. há tantos anos. Nunca faltou com o troco e sempre trabalhou direito. Gosta de beber, mas nunca prejudicou ninguém, nem roubou qualquer valia. Veja nossos presidentes da república todos acusados de grande corrupção a ponto de causar essa crise que está acontecendo.

- Honestidade não nasce a gente. ensina pro filho. Quando pai educa o filho fica melhor que o guarda, que o delegado, que o juiz e proteje a nação melhor que todos os políticos. Precisa trabalhar direito em qualquer coisa. Vire o que virar, mas tem que ser gente boa. Também sou baiano, mas tenho honestidade. Meus filhos e enteados são gente boa. Assim que deveria ser quase todo mundo.

- Honestidade, é o que falta para o nosso político, que vive de mentiras. Falta seu perfil neles.

- A gente acredita, mas quando aparece a verdade da nisso!

- Ainda bem que está aparecendo. Será que a mentira ainda vai ser a alma da propaganda política? Chega de todos serem tanto enganados principalmente pelo políticos.

- Concordo, o pior é que o povo mais pobre é o que mas acredita nas balelas ditas. Perde a chance de votar num homem honesto falando verdades. Agora vamos ficar mais espertos...

- Tomara que fiquem. Até logo.

O jovem filho do amigo

- Dra. como vai? Estou preparando-me para o vestibular no Enem e saindo muito pouco. Talvez por causa disso não a vejo mais.

- Ótima. Fico contente com seu esforço. Falei ganhando um beijinho na face.

- Estão valorizando mais português e matemática. Como fica a psicologia?

- Está dentro do português que necessita aprender muito. É muito mais difícil, mas fundamental para entender, falar e se especializar em qualquer assunto. A matemática é a coisa mais importante para se desenvolver, faz parte da compreensão da vida. Some-se ao inglês como comunicação global. Só assim poderá tomar decisões até entender as políticas do Universo.

- A Lava Jato toma muito tempo do meus dezessetes anos, atrapalha o entendimento do português que estou estudando, principalmente quando escuto empresários e políticos falando. Preciso perguntar para meu pai o que querem dizer com tantas explicações para não dizer o que fizeram. Ouvi algumas políticas falando não completam o seu pensamento. O que é suruba, por exemplo? Ainda não entendi.

- Tem vários sentidos. Pode ser bater com porrete, uma refeição, uma confusão e até um bacanal. Em psicologia o adjetivo suruba significa o profissional capaz, mas pouco usado pelas interpretações populares.

- Sou um jovem suruba?

- Pergunte a sua namorada? Se ela não gostar você apanha com um pedaço de madeira. O termo é antigo e pouco usado e não vai cair no exame. Estude coisas modernas e leia livros de todos os tempos. Leia estatísticas percentual da matemática e encontre as coisas mais significativas para os dias de hoje.

- Lula volta a se candidatar a presidente, se for qual é a chance de ganhar?

- Um boa pergunta. Penso que seja abaixo de 13%, com tendência a zero por ser réu em vários processos.

- Mesmo sendo impossível muitos jovens alunos de esquerda continuam acreditando que voltará a ser o presidente.

- O jovem é um idealista ainda inexperiente e revoltado. Gosta do contraditório sem ouvir a outra parte ou simplesmente ser contra. Essa é sua auto afirmação.

- Às vezes escuto meus amigos sem discurso. Digo legal! Chegam dizer que Cristo pregou o comunismo para a humanidade. Sempre querem causar dúvidas na minha cabeça.

- Veja o que eu que acredito em Deus e que Jesus foi seu Filho enviado à Terra. Um corpo humano, mas com Alma e o Esprito do Criador. Cristo, como vocês estão dizendo usou apenas a linguagem falada e não nos deixou nada por escrito. Quem descreveu o que disse foram os seus seguidores escribas e principalmente os chamados apóstolos. Apenas dois deles, reunidos após a morte de Cristo com os demais sabiam escrever, um médico formado em Alexandria, chamado Lucano ou São Lucas e um jurista de Tarsus, chamado Saulo ou São Paulo. A seguir os demais apóstolos aprenderam a escrever e falar as várias línguas da época com esse dois intelectuais. Nunca encontrei nenhuma referência política sobre Jesus. Ao contrário, perdoou Herodes e Pilates que o perseguiram e participaram de sua crucificação.

- Obrigado, mais uma vez valeu! Falar com a Dra. sempre aprende mais uma. Vejo que sabia dos fatos pela metade. Percebo que falaram mentiras ou fake news.
- É próprio de propaganda política, meu jovem. Sempre enganosa e acaba não sendo julgada nem pelos próprios promotores públicos. Muitos dos juízes que deveriam julgar ao rigor da lei do consumidor, confundem-se também com sendo uma verdade. Deixam

fazer parte da jurisprudência mentiras deslavadas como essa. Chamam de verdades passageiras.

- Penso que precisamos viver muito para aprender. Só inteligência não basta é preciso tempo para as pesquisas e as avaliações se estão certas. Experiência demorada.

- As verdades também são passageiras em ciências. Uma nova pesquisa pode criar outra verdade, mesmo que embutida na primeira. Estamos vivendo a mentira política no Brasil há mais de um século. O seu tempo de vida útil de alguns partidos equivale a ter vivido a maior corrupção governamental da humanidade, produzida pelo primeiro partido político de esquerda que ocupou durante 13 anos a presidência da republica do país. Juntou-se aos demais políticos sem regras, sem ética e provocou o maior quantidade de propina nacional e internacional do mundo. Envolveu os três poderes. Só agora a justiça está despertando, provavelmente venha ser a solução para a nossa incipiente República Democrática.

- Beijos querida, meu pai vai gostar que nos encontramos, esclarecido do que conversamos.

O ajudante de feira livre

- Como vai Dra. "Tonha"?

- Como vai o moço? O tempo passa e você por aqui. Uns quinze anos que o vejo por aqui?

- Muito mais, eu comecei aqui criança. A crise continua difícil, o seu consultório melhorou. Até os seus doentes diminuíram? O governo deixou toda a gente numa fria. Aqui vai dando para tocar a vida. A feira até barateou um pouco e mesmo assim o povo tá comprando menos.

- Lando, a coisa vem mal há muitos anos. A mentira sempre foi o forte das propagandas políticas. Eu mesma já votei e me arrependi, o meu candidato está envolvido em propinas. Aparecem maquiados nas televisões, defendendo boas ideias e depois nos esquecem e vão cuidar de seus próprios e mesquinhos interesses.

- Bolsa família, saúde, escola para nossos filhos e casa própria nunca da certo. Sortearam uma casa para mim. Fica pra lá do Anel Rodoviário e não tem nada por perto. Deixei a casa e voltei pro cortiço, pelo menos é perto da escola das crianças. Como se explica fazer isso com a gente?

- O governo gasta e gasta mal. Os políticos acabam exigindo propinas das empreiteiras que vão executar as casas. A casa custa 50 mil e são obrigadas a custear por 150 mil. Um terço vai para os impostos e um terço para pagar a corrupção.

- O juiz não prende ninguém?

- Muitos poucos. O Supremo é que deveria julgá-los, mas não manda ninguém para a cadeia. A lei parece defasada com o tempo de aplicação, perdeu seu sentido social, mas alguns juízes já estão tentando e a corrigindo. O que estamos discutindo e sabendo hoje foi graças a estas ações efetivadas por um grupo que superou até as forças estacionárias da justiça. Encontraram um rumo com apoio da sociedade e foi muito bom. Políticos e empresários está sendo condenados, muitos presos por um longo tempo.

- Deu para sentir, mais ainda tem muitos chefes ladrões mentiroso soltos, espero que prendam todos.

- Está acontecendo, mas a justiça precisa de provas e gasta tempo. Viu quando acham uma mala cheia de dinheiro, os políticos vão direto para dentro da cadeia. Bom dia!


A minha amiga da televisão


- Que bom encontrá-la na mesma missa, Tusa. Vou rezar pera que mantenha e aumente seu sucesso.

- Obrigada amiga. É bom ouvir da melhor psicóloga que conheço. Ainda me lembro seus conselhos para seguir em frente sem me prender às críticas ou aos elogios. Precisamos de ambos, mas o que não esperava são suas rezas. Que maravilha ouvir de você e saber que mantém sua devoção em Deus.

- Deus e Maria mãe de Jesus. Nunca abandonei essa força espiritual. Trago Maria como exemplo até entre meus sonhos. Sabia que fui filha-de-Maria lá no interior?

- Cheguei reunir com um grupo quando eu era adolescente. Mudei de cidade e não deu mais certo. Nunca deixei de rezar e admirar a Santa mãe do filho de Deus. A minha estrutura física sempre lutou para que eu não ficasse só na psique. Sempre me senti um ser humano com os pés na terra, alimentada pelo verde e feito de muita água. Quando me sinto que estou exagerando no mito, procuro contê-lo na escrita e na música. Procuro sempre evitar o exagero da mística. Procuro me conter com Maria a mulher e mãe e busco a imitá-la e manter minha esperança na fé.

- Bom caminho para a estabilidade do corpo e mente. O corpo ligado a biodiversidade terrestre e o cérebro com pensamentos para além do Universo. Procuro me manter dentro desse equilíbrio. Acho ser uma forma de satisfazer a nossa instabilidade existencial de espaço e tempo relativos e nosso tempo gregoriano. O corpo sente o calendário e sua velocidade real, enquanto podemos nos projetar entre outros universos virtuais e intangíveis.

- Adoro ouvi-la Tona, a suas projeções me deixam mais criativa. A TV sempre nos coloca diante de conflitos filosóficos, onde precisamos opinar. Agora estamos vivendo-se momentos críticos em nossa nação. Os tabus ideológicos caem por terra, a política se desmontou diante de uma realidade insustentável de erros e corrupção. O Universo real lastimável nos faz desacreditar em nossas próprias ideias social progressista, estamos diante de um rombo insustentável causado por gestões empíricas e totalmente fracassadas. Os mitos foram destruídos em tempos relativos universais e agora cabe a reconstrução em tempos diuturnos terrestres. Os progressistas de direita e esquerda falharam, resta-nos um centro corrompido por ambos.

- Concordo, temos que encontrar os pontos que ainda permanecem neutros para organizar o novo sistema politico-judiciário condizente com a democracia que tanto desejamos. O nosso projeto republicano precisa ser repensado por um líder independente, possuidor do perfil desejável que combine novas forças e tenha o apoio popular para executar as reformas necessárias que o Brasil necessita. Você como jornalista tem alguma sugestão sobre o perfil filosófico que o novo dirigente deva possuir?

- Penso que é muito difícil. A população tende a acreditar em salvadores e artistas conhecidos que sempre nos assustam com as piores gestões dentro do inadmissível. O curriculum vita não existe para nossa política. A propaganda mentirosa iludem a população, comigo mesma já aconteceu. Analfabetos, pastores, padres, negros, atletas, cantores, sindicalistas e outras incompetências chegam ao Senado. Boa parte são reeleitos pelo sistema ligado a corrupção empresarial, propinas políticas e até ao tráfico de drogas. Escolhemos um político de bons princípios, bem votado, perde para outro mal votado e membro da corrupção. Assim caminha o Brasil, penso que o nosso judiciário se não faz parte é conivente com esse estado de ilegalidade. Pelo menos foi assim até hoje. O Mensalão e a Lava Jato são promissores para a nova justiça, mas ainda convivem com os corruptos que existem nos três poderes e nos demais níveis políticos administrativos.

- Algum nome ou partido tem a filosofia e o perfil necessários para iniciar a mudança.

- Muda Brasil! Já ouvi esse recado muitas vezes. A ação não se concretiza, apenas ouço desejos vagos e inconsistente. Todos só pensam em se reeleger. A mentira é a promessa de todos os partidos. O grupo partidário se reúne somente para programas de financiamento de campanha. Qual tipo de corrupção e quais propinas serão negociadas a exaustão com empresas prestadoras de serviços ao Estado. Sem ideologia, apenas um grupo de interesseiros, tratando a ilegalidade como ética e natural. O pior é que o líder de um dos maiores partidos que age assim, mantém bom índice de eleitores, podendo voltar ao governo estragar o país. O voto do brasileiro parece psicótico, apenas racionaliza em política semelhante à loucura.

- Aí fica minha pergunta quem poderia mudar tamanha falta de patriotismo? Hoje estão renegando a bandeira nacional. Os movimentos gerais são frágeis junto ao povo. Preferem votar em políticos maquiados, condenados por crimes de corrupção e lavagem de dinheiro a mudar o seu comportamento. Mesmo nosso judiciário se divide diante do crime político. Parecem que trocam pelo salário alto, fechar dos olhos à Constituição Republicana.

- Tem razão Tona, o erro se perpetuou em todos os poderes. A solução ficou difícil porque mingúem cede ao famigerado direito adquirido de modo pouco republicano, ou seja adquiri mais direitos que os demais trabalhadores de nação. Um povo que só agora começa se despertar, mais pelo crime organizado do que pela grande ingerência administrativa do Poder. O Senado que deveria interceder a favor do povo, além de esquecer sua missão humana, passou a ser o tomador de propinas mais caro para o indivíduo do país. A maioria dos senadores aprovaram a corrupção e a propina dos demais poderes e ainda participam efetivamente da mesma. Como costumo dizer o Congresso como um todo está constituído do mais baixo clero já ocorrido na história do Brasil. Tenho o mal pressentimento que o nosso eleitor vai continuar votando na mentira dos mesmos. O condenado culpa o judiciário, o criminoso vira delator e sai livre.

- Tusa, só o povo na rua não basta, o eleitor precisa mudar e entender em quem está votando. Se a lei permitir a metade dos políticos de serão cassados por quem os colocou lá.

Meu amigo empresário têxtil

- Olá Tona, a quanto tempo não nos encontramos. Ainda penso nos cursos de quando estávamos em São Paulo. Agora estou no Nordeste e só nos visitou uma vez.

- Sempre é bom vê-lo, principalmente essa crise política. Adoro ouvir falar de como fazer a máquina burocrática brasileira funcionar. Como a indústria e varejo estão se saindo agora?

- Ainda o Estado está muito grande, uma carruagem de luxo puxada por um povo muito empobrecido pelas atitudes seus próprios defensores. A nova legislação trabalhista avançou, mas vejo má vontade no judiciário, principalmente no Ministério Público. A mudança vem carregada de teorias esquisitas como a necessidade de intervir na sociedade como um todo para proteção dos menos favorecidos. A teoria que sustentam é falsa, os empresários e suas empresas precisam assumir toda as esferas de sua produção. O terceirizado constitui-se em um abuso do capitalismo. Parece que só estudaram as teorias sociais de esquerda ditatorial, concordando que com elas estarão defendendo os necessitados, tratando-os como verdadeiros debil-mentais. O absurdo faz com que cada vez mais o jurídico assuma o relacionamento entre empregado e empregador. O resultado é péssimo para o desenvolvimento da nação e já criou uma casta diferenciada na justiça do trabalho. O que percebo agora é que o operário contou desse domínio do trabalho e com a sua conivência com os milhares de sindicatos "pelegos", ou seja subsidiados pelo tesouro nacional. Esqueceram que até o líder máximo da economia de esquerda Carl Marx fala em produtividade e não em eliminar o capitalismo. Essa é a palavra pouco entendida pelo Ministério Público atual, confundem com exploração escravagista. Aprenderam na escola que o socialismo é honesto e o capitalismo é a exploração do homem pelo homem. A justiça atual desde Supremo até o conciliador pensam assim. Esquecem que o desenvolvimento da nação depende da perfeita harmonia entre essas duas forças. O trabalhador hoje já despertou para essa convivência e entende que a empresa que trabalha é apenas dirigida por alguém capaz de prestar um serviço comunitário e promover sua renda através de um emprego seguro. Sabe perfeitamente que está trabalhando para o Estado, para a Empresa e para sua existência. O contexto hoje é globalizado, quanto mais produzirmos melhor será para o país que vivemos. Compramos e vendemos tecnologias entre todos os parceiros internacionais. Se um país dificulta a produção, o empresário muda para outro. Essa eu considero a principal causa do desemprego no Brasil. O empresário coloca a mercadoria na prateleira onde tem consumidores.

- Gostei muito de suas reflexões. Baseado nelas você tem um perfil político para comandar o Brasil?

- O político está blindado em premissas voltadas para si e que garanta a qualquer custo sua reeleição. Passa a sensação que o povo não interessa. Maquia um perfil na mídia e conta as mentiras que acreditam que os eleitores querem ouvir, mas que nunca irão cobrar como resultado. Repetem sempre o mesmo esquema que deu certo e conta com empresários desonestos para mantê-lo no poder. Os eleitores compram o voto como uma ilusão, depois esquecem até em quem votaram. A primeira reação que apareceu foi nas ruas, agora nas fábricas e lojas contra o politico atual e as determinações do judiciário. O emprego tornou-se mais importante que as interpretações falaciosas trabalhistas e a política do toma lá dá cá da corrupção. São Paulo já iniciou a mudança política e o Rio Grande do Norte a mudança trabalhista. Acredito que o povo na rua vai consolidar um futuro melhor para a grande nação que somos.

- Fran, como gosto de chamá-lo. O mundo político atual, ou mesmo o que vem se modificando apresenta alguém com perfil filosófico para assumir as mudanças e promover o desenvolvimento sustentável que desponta.

- O fraco desempenho político dos últimos presidentes da república mostra que já modificamos. O atual esta apenas cumprindo essa tarefa sem qualquer apoio. Promoveu as reformas mais importantes, apesar dos políticos ainda estarem voltados para si e não para o povo da nação. O Lava Jato foi a melhor coisa que ocorreu, obstruiu o caminho secular da corrupção republicana. Vejo que agora estamos consolidando a República e restabelecendo os valores éticos, morais e a honestidade nos três poderes. O perfil do político atual para governança próspera deve reunir forte liderança sobre os demais poderes. Deve ser apoiado por outro Congresso renovado e sem ligações socialista ultrapassadas. Avançar no mundo moderno, com moderado senso de capitalismo, sem as interferências políticas e judiciais castradoras atuais.

- Obrigado pela opinião. Penso que deve ser um prato muito indigesto, até mesmo para um excelente estadista.

O jurista

- Como vai o ministro?

- Oh! Tona você continua sempre jovem. Por onde anda. Está realizando alguma pesquisa?

- Sim e não. Estou procurando estudar o perfil de um político para assumir o Brasil. Ainda não consegui uma liderança patriótica, honesta e com tino gerencial de promover a mudança necessária.

- Aqui está um velho jurista aposentado com esse perfil, hahah!!

- ...e merece toda a minha confiança. Já ganhou o primeiro voto. Cumprimentando-o com um abraço. O perfil muito bem vindo.

- A sua pergunta é pertinente. O STF está em conflito com o Congresso e com o executivo. Os políticos ao adquirirem o foro privilegiado desde a Constituinte de 1988, mudaram a missão dos juízes que seria apenas de guardiães da Constituição, para julgadores de políticos, ou seja, uma vara de julgamentos de crimes. Para julgá-los necessita de pedido de autorização aos próprios congressistas. A Constituição do sistema político vem carregada de erros e corrupção, sem a efetiva intervenção do jurídico. A Lava Jatos exacerbou em suas ações e os juízes sem uma decisão conjunta, aceitaram delação premiada que veio a abrir o livro da corrupção política brasileira, mas ainda sem a experiência necessária para sua condução.

- Mesmo que tenham razão para um processo político a maneira correta de conseguir o sucesso ainda, depende apenas de indícios, sem provas, por suas inexperiências?

- Exato. Acredito que com o tempo trará melhor desempenho.

- A ficha limpa de candidatos vai valer para as próximas eleições? Ou acredita que continuarão a fazer média com atual Congresso?

- Pela formação do Supremo, prevê-se uma influência política nessas suas decisões. Mesmo independentes e obrigados a assegurar a Constituição, na hora da decisão o fator humano permite interpretações individuais, em alguns casos muito politizadas. A regra que deveria cair é a que os corruptos podem voltar após três anos. Penso que ficha suja deva valer para sempre. Mesmo que vencida a pena, a falta deve contar no Curriculum, ou seja o eleitor poderá sempre consultá-lo. Se nosso Congresso faz as leis, falta ao Supremo as regras claras e a aplicação efetiva da lei em consenso por todos seus membros.

- Pelo que tem acompanhado em nossa crise prolongada, existe um perfil desejável com liderança para assumir o Executivo? Entre políticos, empresários, exército ou judiciário?

- Existir existem. Porém quem decide é o povo, o eleitor é uma incógnita e tende a seguir os populistas e mentirosos. Os estadistas ainda não tem vez no norte e boa parte do sul, pela própria migração interna. O curral eleitoral existe e persiste nos desvios sociais. Mesmo sem as verbas empresariais corruptas proibidas, teremos muitos casos obscuros de ajuda indevida. Espero que se apresente um estadista sem compromissos com os partidos atuais e pense muito no Brasil e pouco em tirar proveitos para si próprio e outros políticos. A terrível composição partidária atual precisa ser desfeita. Talvez um empresário que faça o Congresso pensar no Brasil e o Supremo na Constituição.

- Interessante. A mudança nas próximas eleições muda alguma coisa no seu ponto de vista?

- Não, nada mudou ainda. Fica na mesma, funcionou o que o Supremo extinguiu, o financiamento empresarial, o governo continua oferecendo ajuda aos políticos. Os cabos eleitorais, ou "cabras" no Nordeste, só trabalham por dinheiro. Vão continuar elegendo a corrupção no Brasil.

- Gostei da análise política, bem fundamentada.


O pastor

- Como vai pastor Bretos? Quanto tempo não o vejo.

- Nunca mais foi ver meu trabalho social, Tona.

- Devo-lhe esta. Mas sabe que gosto de ver seus progressos com as crianças.

- Ainda vivo das bondades de meus seguidores. A situação anda pior que antes, mas não me falta a velha força.

- Ando com todas as atividades de sempre, mas muito preocupada com o Brasil. As últimas reuniões foram sobre os rumos que nossa política deve tomar. As igrejas evangélicas já representam uma força na política.

- A vida política e a religiosa sempre se conflitam. O mundo político precisa do mundo religioso como de qualquer  outro cidadão. Quando o religioso sob ao poder, em geral, radicaliza algumas ideias da sua seita e transgride regras para conseguir se eleger. O religioso político pode ser tornar indesejável para suas próprias comunidades que bem os conhecem. Continuam como pertencentes aquela comunidade e a usam para conseguir votos em outras independentes da igreja que pertence.

- Gosto de ouvir suas críticas aos nossos moldes atuais de se fazer política, pastor Bretos.

- Temos que enfrentar a realidade do país que vivemos, tentar melhorar as pessoas independente de sua preferências. Precisamos de política, mas temos que saber controlar seus integrantes. As bandeiras populistas são as que mais me assustam.

- Sabe que faz tempo que não encontro o pe. Paulus. Sempre dedicado ao ecumenismo, o Sr. o tem visto?

- Nosso amigo Paulus anda meio afastado das reuniões. Pediu desculpas pelas faltas porque sua comunidade sofreu com o incêndio de um prédio próximo. Ficou sem tempo.

- Como já sabe, ele sempre lutou para ajudar os outros. Os rumos sociais do governo o irritou. Apoiou no início a caminhada dos partidos sociais brasileiros com suas promessas igualitárias. Ficou muito decepcionado quando a realidade apareceu de modo cruel, antes embutidas na propagandas enganosas ou falsas.  Estava perplexo após o mensalão e arrasado com a Lava Jatos. Condenou a presença de alguns padres católicos ainda envolvidos com os corruptos que um dia nos enganaram.

- Em nossos encontros ecumênicos evitamos a política. Procuramos nos ater a uma pauta maior que é como conduzir as adversidades religiosas dentro do humanismo, ou seja, considerar todos os valores intangíveis das diversas crenças. Com todos convergem para a ideia de um único Criador da humanidade, o valor da vida humana é o mais caro perante aos olhos de Deus. O homem e a mulher cometem seus erros, mas as religiões não têm o direito de julgá-los assassinando-os.

- Aplicar a justiça dos homens ainda é o melhor a se fazer?

- Por aí. A justiça humana é falha, mas usa argumentos humanos de um juiz, enquanto Deus nos criou de um modo desconhecido para a sabedoria humana, somos diferentes uns dos outros, pois não existem dois indivíduos iguais no mundo. Quando uma ofensa é entre humanos o juiz resolve, mas quando essa é contra Deus não devemos e nem pudemos julgá-lo em seu nome, principalmente matá-lo.

- Sábio esse conceito!
- Além de sábio, concorre com a paz entre os homens. Os assassinatos em nome de Deus precisam ser extintos no mundo futuro. Há tempos aviso a minha comunidade a votar no candidato capaz e não só porque professa essa ou aquela religião, principalmente se for pastor. Sei que a orientação católica já mudou faz tempo. Agora os evangélicos estão forçando a colocação de políticos da sua comunidade, o que acabará provocando a depressão que o Padre Paulus ficou com os seus antigos políticos católicos. Alguns políticos da religião já estão presos por corrupção. A situação atual política do país em crise necessita de líderes competentes e não religiosos para confundir a administração de nossos bens comuns.

- Tem alguma ideia de quem teria o perfil desejável para ser o nosso Presidente?

- No momento, ainda há indefinição entre os partidos na escolha ou aceitação de seus líderes. Alguns permanecemos mídia, mas nenhum ainda ofereceu o discurso com programa inovador que conduza o povo o retorno do progresso. O maior desafio será ajustar o político quanto à corrupção existente. A honestidade política precisa ser reabilitada entre os que assumirem ou reassumirem os cargos públicos. O eleitor precisa ficar bem informado e saber a real ação individual ou coletiva de cada candidato.

- É possível dentre os possíveis pré candidatos pensar nas possibilidades de dois que possam se enquadrar no desejável perfil futuro para a politica  nacional?

- Independente do partido ou do desempenho nas urnas só o governo de São Paulo apresentou a gestão condizente com a crise. Os congressistas apresentam alguns bons políticos com chances ainda indefinidas. Entre os não políticos de carreira até agora todos desistiram, exemplo o Joaquim Barbosa. À esquerda sobra ainda a Marina correndo por fora. O segundo pode ainda aparecer até as vésperas se entender as necessidades e desejos dos eleitores ainda com muitos indecisos. A saturação política que se deve à corrupção e às propinas deixa um quadro de muita indefinição, infelizmente sujeito aos temidos extremismo.

- Lembra do meu sonho místico, ele se repetiu, sempre levando um susto, chegando ao Paraíso Celeste e conversando de forma estranha à Terra com a mãe de Jesus, a qual me mostra uma filha que ganhou já na sua vida junto ao Criador. Fica a impressão que a filha de Maria veio para nos ajudar mais ainda no mundo?
- Acredito que seu sonho possa ter algo de profético. Exatamente na crise que vivemos. As crenças variam quanto o valor da mãe de Jesus, sem dúvida uma concepção de Deus. Quanto ao sonho podemos pensar como a visão de um anjo, que na concepção bíblica significa o emissário de Deus. Se Deus lhe permitiu o sonho, algo deve estar O preocupando em nossa pátria. Acredito que se seu sonho concretizar nos intransponíveis espaços divinos ao homem, o anjo Filha de Maria vai ter muito que fazer no Brasil.

- Obrigado pastor Bretos, sempre é bom ouvi-lo. As suas consistências políticas e religiosas vão muito além dos meus conhecimentos. Voltaremos a falar em breve.

- Falar com você torna mais agradável todos os assuntos. Abraços também aos filhos e marido.


## 12. O perfil desejável em resumo

A análise política da crise atual demostra que a sua força total está voltada a reeleição de seus membros atuais e a manutenção dos benefícios. Quanto ao STF acreditam que continuarão sob controle com o foro privilegiado. O novo Executivo deverá continuar como está. As medidas provisórias com o excesso de partidos serão apenas material de barganha, conseguindo-se através das empresas estatais o dinheiro para os seus sempre escusos projetos, tentando burlar a vigilância através de laranjas ou amigos. O idealismo político e o patriotismo continuarão sem expectativas de avanço. Sobrarão o lado positivo algumas reformas necessárias para não aprofundar mais a crise em que mergulhamos sem reservas de oxigênio. O mal caminha entre os gestores políticos e parte do judiciário. O exército já se encontra em prontidão no Rio de Janeiro, onde o governador deveria perder o cargo. Existem desequilíbrios metódicos entre todos os poderes.
Mesmo que possua boa filosofia política o perfil do novo presidente da república permanece indefinido. O eleitor, em sua maioria, é imprevisível e pode surpreender com um novo populismo barato, sem pedir comprovação das  promessas impossíveis e mentirosas a serem prometidas pelos seus candidatos escolhidos. Deverá continuar a escolher mal, infelizmente, talvez melhorem pouco o nível de algum candidato. O esperado pelas últimas opiniões eleitorais é continuar a indefinida guerra entre o bem e o mal. A capacidade política e técnica do candidato continua não sendo avaliada, mas seu poder de réplica e tréplica. Como sempre, no início da greve dos caminhoneiros a mídia emburrada e os internautas ignoravam que havia uma infiltração política, à semelhança dos bolivarianos da Venezuela. Facções usaram a grave para tentar desestabilizar e assumir o Brasil. O atual governo, como era esperado está muito enfraquecido, mas as nossas instituições ainda não. Parte da população ocorreu em erro de dar apoio aos infiltrados, que fizeram os caminhoneiros de reféns.
Até hoje estamos diante desses problemas intransponíveis pela população brasileira como um todo. A princípio, foi a falta de cultura e os desarranjos de um povo que não primou pela educação, mas optou por um viver liberto em um continente altamente produtivo. Apenas o Estado de São Paulo teve a sorte com o tipo de imigração, principalmente a romana com uma grande preocupação com o ensino. Os demais estados, cuja dimensão os iguala a países desenvolvidos, limitaram sua cultura provinciana às capitais. A cultura localizada, baseada no feudalismo, na plutocracia, com enriquecimento seletivo e concentrados nas famílias dominantes. Passaram a ocupar o lugar dos colonizadores e manter o mesmo sistema colonial europeu. A maioria, de alguma maneira, levava suas rendas para o exterior, nunca incentivando o nacionalismo. Passaram a ocupar os cargos políticos sempre em proveito individual e com muitas esmolas ao coletivo. Todos os governos que antecederam os atuais seguiram essas regras, acompanhadas de nepotismos em todas as áreas governamentais. Estabeleceram o que se chama "feudalismo burocrático" com custo exagerado para o cidadão e regido pela incompetência das gestões. Os três poderes republicanos e a segurança nacional nunca estabeleceram verdadeiros valores étnicos, morais e regras democráticas para o estabelecimento do Cidadão Republicano. Analiso hoje o Estado como pré-republicano, castrador dos direitos do cidadão. Acontece através de impostos excessivos e da corrupção financeira governamental. Ficou estabelecida por lei em conluio com empresas

particulares aprovado e institucionalizado pela próprio política. O que deveria ser objeto de proteção coletiva do cidadão, passou a ser desvios corruptos do tesouro nacional chegando a fase falimentar detidos os setores governamentais.

Analiso que o Brasil precisa de um super líder, com ideais muito fortes, democráticas e com grande apoio de um novo congresso com transparência comportamental. Precisará desde o inicio do povo na rua para conseguir a verdadeira mudança quanto ao uso de verbas e extinção de todos os gastos com mordomias funcionais.

A reformada da previdência é apenas a ponta do iceberg financeiro improdutivo que o Brasil se encontra.

Voltando a esfera profissional

A psicologia e a filosofia são obras incompletas para a humanidade. Caminham juntas mas nunca chegaremos a uma obra de arte finalizada. Abrimos novos caminhos para novas pesquisas que se juntam, evoluem, mas nunca terminam. Assim penso sobre o perfil a ser moldado para o novo dirigente da nação. Apenas um líder que evolua e não termine em obra de arte que estanque o país. Outros deveram sucedê-lo sempre dentro de retocáveis perfis republicanos progressistas, sem feudalismo ou totalitarismo.

O recontro com meus pacientes sempre voltado para sua depressões gerais e outros mais objetivamente as depressões doenças. Essas são as que nos deixam preocupados como terapeutas da atualidade. O número percentual de suicídios vem aumentando nos tempos de internet. Pouco sabemos da época antes da escrita humana, a gráfica nos permitiu o desenvolvimento extraordinário atual e a internet nos leva a uma nova análise entre o bem e o mal. O bem é muito claro todos têm acesso às informações e podem realizar excelentes pesquisas sobre as doenças. O mal é que as pesquisas estão cada vez mais complexas, apenas os especialistas conseguem interpretá-las, ou seja, capazes da distinguir o que é lixo e o que é confiável. Assim um psico-neurótico deprimido na internet pode perder a sua submissão à terapia e até chegar ao suicídio.

Volto aos meus pensamentos sobre Maria, não seria muito pedir sua intercessão a favor do Brasil. O país foi consolidado no cristianismo, onde além de sua filosofia humana, encontramos também em seu filho Jesus a razão de nossas vidas filosóficas, místicas e das esperanças eternas.

Como vejo Maria em confronto com a psicologia. Para chegar ao conceito de Maria, mãe de Jesus Nazareno, precisamos entender alguns momentos da história da humanidade. O faraônico Egito deixou gravado em hieróglifos esculpidos em pedras por escribas o início das simbologias escritas com significado para o pensamento humano. Viveu um império cosmopolita, constituído por diferentes etnias, em geral pastores nômades que por ali passavam. A cultura da humanidade se concentrou por milênios sob os Impérios dos Faraós. Aos poucos foram desenvolvendo novas tecnologias e a primeira religião mística, onde se destacou a ressurreição do espírito do homem com seu retorno em seu próprio corpo mumificado. Pirâmides, tumbas, conservação do corpo, administração do império foram seus principais feitos de avanço cultural da humanidade. Alguns dados expõe condutas que visam preservar a vida, seus descendentes. Matar alguém poderia ser motivo para ser condenado a morte, pela primeira vez, aparece como lei de defesa da humanidade. A Bíblia Sagrada começa a sua história escrita com prováveis símbolos egípcios e outros desenvolvidos por um povo nômade, os quais conviveram por muito tempo juntos, os hebreus. Surge então o lendário Moisés, um primo irmão de criação do faraó, descendente da tribo hebraica estacionada no reino faraônico. Após cometer um crime foi condenado a morte e deveria ser executado pelo seu irmão de criação. Precisou fugir do Egito para não perder a vida. Contatou-se com suas origens. Durante uma série de incidentes da natureza e doenças graves, Moisés voltou e convenceu seu primo de criação o Faraó a deixar os descendentes de hebreus a deixarem as terras egípcias. Assim aconteceu, o que posteriormente foi descrito como uma epopeia cheia de milagres aceito pelas religiões monoteísta. Nessa época surgiu o conceito de um único Deus, o Criador da humanidade ou o Pai Eterno. Até então o único Deus conhecido com essas características era dos assírios, citado como Deus Desconhecido. A tribo dirigida por Moisés caminhou pelo Oriente Médio buscando a conquista de uma Terra que teria sido Prometida pelo seu único Deus aos seus antepassados. Caminhou dezenas de anos. Escreveu os Mandamentos, segundo a crença ditados por seu próprio Deus invisível aos olhos, mas presente e protetor de toda a sua comunidade. Trata-se de regras éticas, morais e de saúde que seu povo deveria seguir, para não serem castigados. Daí a expressão Povo de Deus. Foram 13 regras, depois resumidas em "Os Dez Mandamentos". Baseados na cultura egípcia com seus hieróglifos gravados em pedras, os hebreus desenvolveram uma nova escrita, o hebraico, o que permitiu mais tarde se estabelecerem em doze tribos com a mesma orientação escrita, no Oriente Médio. Essa foi a origem do povo judeu a que pertencia Maria, considerada uma descendente do rei hebreu, David.

A vida mística de Maria foi descrita provavelmente em hebraico, aramaico, grego e latim, enquanto Jesus era vivo, mas só depois de sua morte temos as notícias escritas pelos seguidores do cristianismo incipiente. Os apóstolos que seguiram Jesus em vida eram homens simples sem um grau definido de cultura. Após sua morte dois surgem como sendo chamados pelo espírito de Cristo: Saulo, depois mudou o nome para Paulo e Lucano, mudou para Lucas. O primeiro da escola de Tarso, o letrado em línguas e leis, o outro o médico formado em Alexandria no Egito. Por caminhos diferentes ambos, que eram cidadãos romanos, chegaram até Maria.

Paulo de Tarso, o São Paulo era um judeu da diáspora, estudou e ganhou título de cidadão romano. Viajava pelo império romano ensinando e exigindo respeito pelas leis, usos e costumes. Respeitado pelos dirigentes romanos e judeus, como defensor da legalidade. Os seguidores em Cristo eram cerca de doze revolucionários considerados contrários ao Império Romano e o judaísmo. Paulo converteu-se diante de um chamado espiritual atribuído ao espírito de Cristo. Passou a ensinar e defender o cristianismo junto aos prováveis onze apóstolos que conviveram com o homem Jesus, um deles havia se suicidado, o Judas. Paulo pregou com a ajuda, a intervenção de Lucas junto ao César e do próprio Pilatos. Terminou seus dias em Roma como um dos maiores líderes da igreja cristã.

Dr. Lucano, conhecido como Lucas clinicou em Roma, foi médico de César, mas complicou-se com a Imperatriz, a qual vivia de forma independente do César, desejou-lhe como amante. Sob proteção de César passou a ser médico dos navios e ajudando os povos nos portos. Após a crucificação de Cristo foi chamado a Jerusalém para cuidar de um irmão de criação, o filho de seu pai adotivo, um centurião que assistiu a morte de Jesus ficando muito abalado psicologicamente, à beira da morte. Foi recebido na jurisdição de Jerusalém por Pilatos e talvez o Herodes ainda estivesse vivo. Os historiadores confundem-se com as datas. Lucas conseguiu curar o irmão, cuidou de Pilatos e pediu para César afastar o Tetrarca Herodes do Oriente Médio( ou o substituto ) de sua jurisdição, a Galiléia. Conseguiu assim a proteção dos prováveis onze apóstolos que restaram e foi pessoalmente entrevistar Maria. Como bom escritor, sem necessidade de escribas, escreveu de próprio punho tudo que viu e ouviu. Podemos considerá-lo o décimo terceiro apóstolo de Cristo, assumiu esta condição ainda como médico e cidadão romano em plena atividade. Escreveu o evangelho segundo Lucas ou São Lucas.

Descreve o que ouviu de Maria e alguns dos onze apóstolos vivos. Colaborou com o apóstolo agregado pós Cristo. Paulo de Tarso, e o ajudou na sua pregação por todo o oriente médio. Lucas atuou como moderador do poder de Pilatos e intercedeu junto a Roma em seu favor como único representante de Jerusalém, desse modo ambos estavam protegendo os primeiros cristãos. Ensinou os apóstolos as diversas línguas faladas e escritas da época. Considero que tenha sido o maior protetor dos apóstolos e principalmente de Maria.

Apesar desse conceito pessoal da vida de Maria, o lado místico sempre me tocou mais profundamente. A sua liderança espiritual influência o mundo até hoje. O que aconteceu e foi descrito durante a sua existência permanece na psique humana até nossos dias. O que transmite vai além de tudo que todos os apóstolos descrevem sobre sua vida. Fui filha de Maria durante meu aprendizado religioso. Aprendi que não se tratava de uma imagem, um escrito bíblico, uma mística banal, um mito histórico, mas uma realidade psico-física que se repete por gerações há mais de dois mil anos. A humanidade por muitas vezes mudou os seus rumos desumanos por onde estava caminhando diante de um seu estranho e inusitado aparecimento as pessoas. Apresenta-se pelas formas mais intrigantes que se possa imaginar. Encontro nesses eventos algo que ultrapassa todos os estudos da mente e do físico que já realizei. Algo para além da vida terrena que extrapola a nossa humanidade. Chegamos a esse mistério, onde renascem as esperanças da existência do Paraíso Celeste, ou seja, a Casa do Pai descrita por Jesus oralmente aos seus apóstolos e principalmente a sua mãe Maria.

Viver é sonhar. Parece poético, mas todos possuímos essa qualidade. A vida e os sonhos se integram todos os dias em nossos anos gregorianos. Os sonhos nos levam para além da morte para os eternos anos relativos. As estrelas que conseguimos ver fazem parte do nosso Universo. Para além desse é que depositamos as nossas esperanças de que exista o Reino de Deus. Lá vivem os espíritos chamados pelo Criador. O sonho misterioso das nossas esperanças sempre nos projeta para esse mistério, sempre contido no virtual de nossos neurônios. Nada a explicar, apenas fé, muita fé para além da racionalidade quer seja a física ou a virtual.

## 13. Os meus sonhos com Maria

Meus sonhos voltaram. Num deles perguntei:

- Maria, mãe querida porque vivo no Brasil, um país tão desajustado e sem expectativas de melhora? Ouvi:

- Tonia, o grande país demora crescer, ainda é muito jovem, como todo adolescente revolta-se, mas se desenvolve até aprender. O nosso amor ainda não é suficiente. O mal em que nasceu ainda não foi dominado. O futuro de seu equilíbrio está chegando, mas é lento e penoso. Até para rezar e se dedicar aos princípios divinos ainda não se concentra nos verdadeiros objetivos de Deus. Deus ama todos os seres humanos e exige o amor mútuo entre todos.

- Falta recíproca política....Acordei. Entendi que o divino não interfere nem na política, mas nos incube de escolher e nos deixa livre a quem escolher para governar.

Volta o sonho da filha de Maria, nascida no Paraíso Celeste.

A Divina Comédia de Dante Alighieri sempre me impressionou pela descrição física dos espaços a serem ocupados após a morte. O inferno, o purgatório e o Paraíso Celeste descritos em seus versos levaram a humanidade adotar essa simbologia cerebral virtual. Acrescentou a expressão importante para o entendimento o que é pecar contra a humanidade, ir para o inferno. Para quem se dedica ao amor ao próximo ao purgatório e os escolhidos ao céu. Mesmo que Dante esteja errado a simbologia foi dotada pela comunicação humana. Passa a mensagem perfeita embutida em seus mistérios desconhecidos. As suas pressuposições no levam para além da vida e permite o entendimento sobre nossa psique ou alma caminhando em forma de espírito para o julgamento divino.

Pela primeira vez sonhei com o Paraíso Celeste à semelhança do descrito por Dante. No centro estava Maria, uma mulher linda, com o semblante irradiando felicidade. Ao seu lado uma menina com o mesmo semblante. Tudo que pensei durante o sonho percebia as respostas por um canal diferente do estímulo sonoro da voz. O diálogo persistiu pela compreensão mútua, através de uma sensação superior a de ler pensamentos.

Admirada com a presença de uma filha acompanhando Maria no Paraíso Celeste, meus pensamentos não conseguiam compreender e interrogavam seu significado. Um gesto, um sorriso e apontando para a jovem transmitiu a mensagem:

- "Está é minha filha querida que recebi do Criador, essa é o prêmio que recebi, após tanto atender os clamores da Terra. Possuidora da pureza celeste e de toda a graça do Santo Espírito. Sentiu o Senhor meu Deus que aqui me colocou, depois da vida terrena a necessidade de uma companhia que me ajudasse a expandir ainda mais o amor humano entre todos os habitantes. A forma de mulher pouco importa nesse Paraíso, somos todos anjos, mas na Terra a mulher ainda pede a nossa proteção com muita veemência. A minha filha é o símbolo angelical que representa o mais puro desejo de tantas jovens mulheres de se consagrarem a Deus. Apresenta a esperanço e a fé para a dolorosa libertação da mulher que começa se consolidar na Terra. O Senhor Deus e o Filho Jesus agraciaram a humanidade com mais esse "Anjo Celeste" para iluminar mais ainda a mente humana. A sua função será ajudar as pessoas encontrarem a sua verdadeira missão no mundo, através daquela divindade que as transformam com o "Amor do Espírito Santo."

- Continuou: "Agora volte e avise ao mundo que dias melhores virão, desde que não falte amor ao próximo e muita oração para agrado do Senhor que criou a Filha de Maria para que o bem e a paz permaneçam entre todos os seres humanos."

- Agradeci em pensamentos e voltei a sentir os pés no chão novamente e totalmente acordada. Senti uma outra realidade, ajoelhei-me e fiquei a rezar por muito tempo.

Fui aos poucos contando aos amigos. A maioria sentia felicidade ao ouvir o que eu havia passado. Alguns incrédulos, mas todos acabavam orando e pedindo a orientação a Deus. Voltei a rezar junto com as filhas de Maria sentindo que algo novo havia transformado a minha vida.

Contei para meu médico a realidade com que sonhei com Maria e sua filha. Ficou pensativo, mas disse:

- Trabalho com seres vivos e tenho esperanças que a vida pós morte possa ser prolongada, como muitos médicos acreditam, historicamente já li o que diz o Evangelho de Lucas, o médico que conviveu com Maria e os apóstolos de Cristo. Você é psicóloga e interpreta sonhos melhor que eu. Luta efetivamente para que haja a igualdade humana entre todos os gêneros. Sempre acreditou que os transgêneros físicos ou os homossexuais psíquicos são uma minoria ruidosa pedindo socorro para ocupar seu lugar na sociedade. A nossa vida mística tem sua individualidade particular. Sei que você é uma pessoa de muita fé, admiro-a por isso. Meu conselho é que esse é o melhor caminho para a vida na Terra, viver sem nunca perder as esperanças no eterno. Descreva sua experiência e deixe que outros participem, muitos precisam desses valores intangíveis, para muitos são capazes de construir a própria felicidade.

- Estou envelhecida doutor, em breve saberei qual será a minha missão além da Terra e refere como a esperança ao Paraíso Celeste. Por enquanto, estou sem pressa, presa em mim e espero prolongar minha vida por aqui. Quero ver meus netos crescerem.

- Espero ajudá-la a viver um centenário. Voltando ao assunto sobre o perfil político do novo dirigente do país ainda não consegui escolher ninguém entre os atuais que conheço.

- Nunca desistir é a regra básica, que sempre alguém pode aparecer. Bom dia!

- Quero acreditar que seu sonho profético seja uma verdadeira proteção divina oferecida como graça ao Brasil. Bom dia, vá com Deus.

Oração à "Filha de Maria"


Santa, anjo concebida de Deus
venha cumprir aqui a sua missão
Mensageira menina maravilhosa!
Vem para transformar esse pulso
desestimado dessa grande nação.
Povo cheio de falsidades humanas
com a massa pensante endurecida.
A mentira junto coma desonestidade
gera as mais descabidas corrupções.
Como toda verdade precisa ser dita!
Traga-nos os caminhos da emoção,
ensinar reviver nossa pátria querida.
Santa Emissária, princesa da assunção
filha nativa em Espírito do Pai Eterno
honesta, competente e abençoada
na plenitude do puro amor ao próximo.
Rogo, Filha de Maria, venha a nós
escolha entre tantos filhos patrióticos,
gestores com toda a dignidade cristã.

Mandamentos

Moisés no deserto ditou treze regras ( depois resumidas em dez ), a política precisa se fixar em algo parecido:


1.   Apresentar honestidade política.

2.   Cumprir os deveres partidários pré-estabelecidos.

3.   Conferir as ações junto ao judiciário no cumprimento do papel social justo.

4.   Exercer a gestão  executiva dentro da legalidade.

5.   Restabelecer a ética, a moral e o comportamento.

6.  Reestabelecer regras claras e fáceis de entendimento .

7.   Reformular na Constituição quanto as suas desigualdades.

8.   Responsabilizar o politico e o prestador pelo gastos públicos.

9.   Estabelecer aposentadoria oficial igual para todos.

10.   Exigir gastos pessoais desvinculados do Tesouro Nacional.

11.   Programar salários executivos aos professores.

12.   Educar o eleitor e desobrigar de votar.

13.   Proibir propina ou corrupção.


Jesus resumiu as regras em amar ao próximo com a si mesmo, politicamente hoje:

1. Honestidade com si mesmo e com o próximo.

www.ingramcontent.com/pod-product-compliance
Lightning Source LLC
Chambersburg PA
CBHW071244130726

47998CB00003B/1054